Thomas Wischmeyer

# Die Kosten der Freiheit

Thomas Wischmeyer

# Die Kosten der Freiheit

## Grundrechtsschutz und Haushaltsautonomie

Mohr Siebeck

*Thomas Wischmeyer*, geboren 1983; Studium der Rechtswissenschaften in Freiburg i.Br., Lausanne und Krakau; 2012 Visiting Researcher an der Yale Law School; 2014 Promotion; seit 2014 Akademischer Rat a.Z. am Institut für Staatswissenschaft und Rechtsphilosophie, Abt. 1 (Staatswissenschaft), an der Albert-Ludwigs-Universität Freiburg.

ISBN 978-3-16-153922-0

Die Deutsche Nationalbibliothek verzeichnet diese Publikation in der Deutschen Nationalbibliographie; detaillierte bibliographische Daten sind im Internet über *http://dnb.dnb.de* abrufbar.



Das Buch wurde von Gulde Druck in Tübingen aus der Minion gesetzt, auf alterungsbeständiges Werkdruckpapier gedruckt und gebunden.

# Vorwort

Die vorliegende Studie untersucht, wie fiskalische Erwägungen den Umgang mit den Freiheitsrechten des Grundgesetzes beeinflussen. Die Anregung zur Beschäftigung mit diesem Thema verdanke ich Professor Dr. Christian Bumke, der auch die weitere Entstehung des Textes mit Ermutigung und Kritik begleitet hat. Dem Präsidenten des Bundesverfassungsgerichts Professor Dr. Andreas Voßkuhle danke ich für wichtige Hinweise zur Anlage der Arbeit und für die Freiräume zu ihrer Abfassung. Dr. Ann-Katrin Kaufhold, Stefan Klingbeil, LL.M. (Yale), und Martin Vocks haben das Manuskript kritisch gelesen, wofür ich Ihnen ebenfalls herzlich danke. Erste Überlegungen konnte ich in der von PD Dr. Eike Frenzel begründeten und heute von Dr. Mathias Hong und Dr. Nikolaus Marsch, D.I.A.P. (ENA), organisierten Freiburger Gesprächsrunde der Mitarbeiter im Öffentlichen Recht vortragen.

# Inhalt

# A. Die Finanzen als Realität der Grundrechte

Verfassungsgerichtliche Entscheidungen können über die finanzielle Stabilität und die Kreditfähigkeit von Staaten entscheiden. Welche fiskalische Sprengkraft das Geschehen in Gerichtssälen bisweilen entfaltet, hat sich in der europäischen Schuldenkrise jüngst überdeutlich gezeigt.[1] Doch nicht nur Judikate zu finanzverfassungsrechtlichen Fragen in und zwischen Staaten wirken auf die Haushalte.[2] Vielmehr kommt jeder verfassungsgerichtlichen Kontrolle staatlichen Handelns, das seinerseits Ressourcen bindet, potentiell fiskalische Bedeutung zu.[3] Offensichtlich wird dies, wenn die Durchsetzung des verfassungs-

[1] Vgl. nur zur nationalen wie internationalen Kritik an der Entscheidung des Portugiesischen Tribunal Constitucional vom 30. Mai 2014 (Acórdão N.º 413/2014) zur Verfassungswidrigkeit verschiedener Sparbeschlüsse, die den portugiesischen Haushalt mit Kosten in Höhe von 1,1 Mrd. Euro belastet und dadurch den Konsolidierungskurs des Landes gefährdet habe, den Bericht in der FAZ vom 6. Juni 2014, S. 2. Zum Druck, dem das Bundesverfassungsgericht in seinen Entscheidungen zu Teilfragen der „Euro-Rettung" ausgesetzt war, vgl. nur die Andeutungen in BVerfGE 132, 195 (234) – *Europäischer Stabilitätsmechanismus (einstweilige Anordnung)*.

[2] Hierzu beispielhaft VerfGH Nordrhein-Westfalen, NVwZ 2004, 217ff. Zu Finanzausgleichsfragen auch grundlegend BVerfGE 72, 330 – *Finanzausgleich I*; 86, 148 – *Finanzausgleich II*; 101, 158 – *Finanzausgleich III*. Hier und im Folgenden wird „Haushalt" zur Bezeichnung der (Staats-)Haushalte von Bund und Ländern sowie der sonstigen „öffentlichen Haushalte" verwendet. Näher dazu *Heintzen*, Staatshaushalt, HStR V, [3]2007, § 120 Rn. 2.

[3] Umgekehrt wird die Institution der Verfassungsgerichtsbarkeit empfindlich beschränkt, wenn ihr die Kontrolle „finanzwirksamer" Maßnahmen entzogen wird. Vgl. dazu die international umstrittene Regelung in Art. 37 Abs. 4 der am 1. Januar 2012 in Kraft getretenen neuen Verfassung Ungarns (Magyarország Alaptörvénye) sowie die Bewertung der entsprechenden Vorgängerregelung durch die European Commission for Democracy through Law (Venice Commission), Opinion on the New Constitution of Hungary, Opinion no. 621/2011 (CDL-AD(2011)016), Rn. 120ff.; dies., Opinion no. 720/2013 (CDL-AD(2013)012), Rn. 78ff. Zu einem zwar nicht die Verfassungsgerichtsbarkeit betreffenden, aber aus gewaltenteilungstheoretischer Sicht analogen Phänomen s. *Gover/Russell*, The House of Commons' "financial privilege" on Lords amendments, Public Law 2015, S. 12ff.

Zum haushaltsrechtlichen Begriff der Finanzwirksamkeit *Heun*, in: Dreier (Hrsg.), Grundgesetz, Bd. III, [2]2008, Art. 113 Rn. 5f. m.w.N. (Finanzwirksamkeit als begründete Wahrscheinlichkeit eines nicht ganz unerheblich erhöhten Ausgabenansatzes im Haushaltsplan bzw. Haushaltsentwurf). Wie sich Entscheidungen des Bundesverfassungsgerichts „technisch" auf den Haushalt auswirken, analysiert detailliert *Ortmann*, Finanzwirksamkeit, 2007, S. 40ff.

rechtlichen Gleichheitssatzes der Gestaltungsmacht des Steuergesetzgebers und der staatlichen Finanzverwaltung Grenzen zieht.[4] Auch führen Entscheidungen zu grundgesetzlich verbürgten Ansprüchen staatlicher Funktionsträger vor Augen, dass ohne eine amtsangemessene Besoldung von Verfassungs wegen kein Staat zu machen ist.[5] Wenn in den Finanzen aber eine oder gar die „Realität" der Verfassungsordnung aufscheint[6], wie viel müssen wir uns dann die Freiheitsrechte im Verfassungsstaat kosten lassen?

Die Rolle geordneter Finanzen als „Wirksamkeitsvoraussetzung" der Grundrechte wird selten näher thematisiert.[7] Eine Ursache dafür ist wohl das Unbehagen, schon durch die Fragestellung der Freiheit eine Art Preisschild umzuhängen: Unterscheiden sich nicht Grundrechte und sonstige Interessen, die der Gesetzgeber verfolgen mag, gerade durch den idealen Status ersterer, der nicht in ökonomischen Kategorien aufgehen darf und weit entfernt vom technisch-administrativen Unterbau der Staatlichkeit ist?[8] In der Praxis sieht sich die Bestimmung von Art und Maß des Grundrechtsschutzes freilich regelmäßig mit vermeintlich profanen Haushaltserwägungen konfrontiert: Wie soll das Bundesverfassungsgericht die Pflicht der staatlich verfassten Gemeinschaft „zur verfassungsgemäßen Ausstattung der Gerichte" aus Art. 19 Abs. 4 GG operationalisieren?[9] Unter welchen Bedingungen sind mehr Richter einzustellen, um Grundrechtsbeeinträchtigungen Herr zu werden, die durch gesetzeswidrige Absprachen im Strafprozess, durch die überlange Dauer von Gerichtsverfahren

---

[4] So verursacht die Entscheidung BVerfGE 122, 210 – *Pendlerpauschale*, Kosten durch Steuermindereinnahmen in Höhe von etwa 2,5 Mrd. Euro jährlich, vgl. Bundestag, Entwurf eines Gesetzes zur Fortführung der Gesetzeslage 2006 bei der Entfernungspauschale, BT-Drs 16/12099, 3. März 2009, S. 2.

[5] Die Kosten der wieder nur beispielhaften angeführten Entscheidung VerfGH Nordrhein-Westfalen, VerfGH 21/13 vom 1. Juli 2014, über die Normenkontrolle gegen das Gesetz zur Anpassung der Dienst- und Versorgungsbezüge 2013/2014 werden auf über 700 Mio. Euro geschätzt. Aus den sonstigen Entscheidungen zum grundrechtsgleichen Recht auf eine „amtsangemessene Alimentation" vgl. nur aus jüngerer Zeit BVerfGE 117, 330 (350 ff.) – *Ballungsraumzulage*; 117, 372 (380 ff.) – *Dreijahresfrist für Versorgungsbezüge*; 130, 263 (292 ff.) – *W-Besoldung*.

[6] So *Vogel*, Grundzüge des Finanzrechts, HStR IV, [2]1999, § 87 Rn. 1.

[7] Vgl. allerdings die Ansätze bei *Mehde*, Vorbehalt des Möglichen, 2000; *Clérico*, Struktur, 2001, S. 119 ff.; *Cremer*, Freiheitsgrundrechte, 2003, S. 316 ff.; sowie insbesondere die umfassende Arbeit von *Ortmann*, Finanzwirksamkeit, 2007. Ausführlich zu bisherigen Ansätzen auch unter D. I. Zu den Finanzen als „Wirksamkeitsvoraussetzung" allgemein des Verfassungsrechts siehe *Isensee*, Grundrechtsvoraussetzungen, HStR IX, [3]2011, § 190 Rn. 70 ff.

[8] Zur Diskussion entsprechender Positionen näher *Holmes/Sunstein*, The Cost of Rights, 1999, S. 118 ff.

[9] BVerfG, 2 BvR 1457/14 vom 30. Juli 2014, Rn. 23, zu dem in Haftsachen geltenden Beschleunigungsgebot. Zur Formulierung bereits BVerfGE 103, 142 (153) – *Wohnungsdurchsuchung*. Hierzu näher unter B. I.

oder durch die Anordnung von Untersuchungshaft verursacht werden?[10] Kann eine Strafvollstreckungskammer auf die grundrechtlich gebotene Einholung externer Prognosegutachten für Personen, die in einem psychiatrischen Krankenhaus untergebracht sind, verzichten, wenn hierfür im Haushalt keine ausreichenden Mittel zur Verfügung gestellt wurden?[11] Welchen Aufwand muss der Gesetzgeber betreiben, um die Sicherungsverwahrung noch verhältnismäßig zu gestalten?[12] Und kann das Bundesverfassungsgericht intervenieren, um der Finanznot der Pflegekassen zulasten des allgemeinen Haushalts abzuhelfen?[13]

Die Aktualität der hier berührten Problematik gründet nicht allein darin, dass das Bundesverfassungsgericht in mehreren jüngeren Entscheidungen dem Gesetzgeber zum Schutz von Freiheitsrechten erhebliche finanzielle Anstrengungen abverlangt hat. Vielmehr schärft sich in Zeiten echter oder vermeintlicher Knappheit das Bewusstsein für die Rolle der Finanzen als Wirksamkeitsbedingung des Rechts. Nun wurde über Grundrechte nie gänzlich „finanzblind" diskutiert.[14] Zu offensichtlich ist, dass der Grundrechtsschutz Auswirkungen auf die Staatsfinanzen haben kann und dass die tatsächliche Verbindlichkeit von Grundrechten auch auf ihrer finanziellen Absicherung beruht.[15] Dennoch ist die Verfassungsrechtswissenschaft einer vertieften Beschäftigung mit der

[10] Zum Konnex von Sparmaßnahmen in der Justiz und der hohen Zahl von Verständigungen im Strafverfahren siehe BVerfGE 133, 168 (171 f.), Rn. 3 – *Absprachen im Strafprozess*. Plakativ zum Problem der überlangen Dauer von Strafverfahren LG Potsdam, DRiZ 2013, 298: „Der hohe Bestand an Verfahren ist eine deutliche Folge von Personaleinsparungen in der Justiz. [...] Es scheint, dass die Justizverwaltung [...] sich lediglich dem Spardiktat des Finanzministers beugt. [...] Derartige grundlegende politische Fehlsteuerungen schaden der Funktionsfähigkeit und dem Ansehen der Justiz ebenso wie dem Vertrauen der Bevölkerung in die Unverbrüchlichkeit des Rechts". Zum Sparimperativ im Recht der Untersuchungshaft BVerfG, 2 BvR 1457/14 vom 30. Juli 2014, Rn. 23 f.

[11] Zum Argument eines „Gutachtenstaus" vgl. die Sachverhaltsschilderung in BVerfG, 2 BvR 2543/08 vom 26. März 2009, Rn. 20 ff.; zur Würdigung dieses Arguments vgl. ebd., Rn. 59, mit dem Hinweis: „Eine [...] unzureichende personelle Ausstattung der Strafvollstreckungskammern darf sich bereits aus grundsätzlichen Erwägungen nicht zu Lasten des Freiheitsgrundrechts der untergebrachten Person auswirken".

[12] Hierzu nur BVerfGE 128, 326 (373) – *Sicherungsverwahrung II*, sowie unten B. III. 1. und 2.

[13] Zur konzeptionellen Grundlage des derzeit anhängigen Verfassungsbeschwerdeverfahrens wegen gesetzgeberischen Unterlassens im Pflegebereich: *Moritz*, Staatliche Schutzpflichten gegenüber pflegebedürftigen Menschen, 2013.

[14] Allgemein zum „Schattendasein", das ökonomische Hintergründe in der Staatsrechtslehre fristen, und zum Begriff der „Finanzblindheit" *Gröpl*, Wirtschaftlichkeit und Sparsamkeit, HStR V, [3]2007, § 121 Rn. 1 f. m. w. N.

[15] Dazu, dass Finanzierungsbedürftigkeit und grundrechtliche Verbindlichkeit sich gerade nicht ausschließen, vgl. *Sachs*, § 67: Leistungsrechte, in: Stern, Das Staatsrecht der Bundesrepublik Deutschland, Bd. III/1, 1988, S. 716 ff.; *Rüfner*, Leistungsrechte, in: HGR II, 2006, § 40 Rn. 18, sowie die Hinweise zu D. I. 1.

Problematik bislang überwiegend ausgewichen und hat sich auf zwei zwar eingängige, aber je ganz einseitige Positionen beschränkt.[16]

So scheint zum einen klar: Der Schutz von Grundrechten darf sich nicht nach der Kassenlage richten. Der Staat hat für den Schutz der Freiheitsrechte Geld zu haben. Oder, so das Bundesverfassungsgericht, Grundrechte bestehen „nicht nur nach Maßgabe dessen [...], was an Verwaltungseinrichtungen vorhanden ist".[17] Zum anderen ist offensichtlich, dass ein Grundrechtsschutz „um jeden Preis" die Gestaltungsfreiheit des Gesetzgebers erdrosselt. In diesem Sinne hat die Staatsrechtslehre stets darauf gedrungen, die „Leistungsfähigkeit"[18] des Staates vor einer überexpansiven Grundrechtsinterpretation durch das Bundesverfassungsgericht zu schützen. In der Tradition von *Alexander Hamilton*, der sein Urteil über die Gerichtsbarkeit als „least dangerous branch" bekanntlich darauf gestützt hat, dass diese „no influence over either the sword or the purse" habe[19], steht daher die Forderung, die Grundrechtsjudikatur solle nicht in die „haushaltspolitischen Prioritätenentscheidungen" des Gesetzgebers eingreifen[20]. Das Bundesverfassungsgericht kommt nun auch dieser Position entgegen, wenn es, beinahe austeritätsaffin, betont, der Einzelne könne vom Gesetzgeber nicht verlangen, „daß zur Vermeidung grundrechtsbeschränkender Maßnahmen [...] die nur begrenzt verfügbaren öffentlichen Mittel über das vernünftigerweise von der Gesellschaft erwartbare Maß hinaus" verwendet werden.[21] Aber spricht, wer dem Staat gestatten will, sich beim Grundrechtsschutz auf den Grundsatz *ultra posse nemo obligatur* zu berufen[22], der Haushaltsverantwortung des Parlaments nicht eine „die Verfassung übersteigende Funktion" zu?[23]

Die hier aufscheinende Spannung zwischen parlamentarischer Haushaltsverantwortung und effektivem Grundrechtsschutz ließe sich entschärfen, wenn die haushaltsrechtliche Kehrseite der Grundrechte primär mit ausgewählten Typen und Wirkdimensionen, namentlich Leistungsrechten oder „sozialen" Grund-

---

[16] Zur parallelen Diskussionslage in den USA siehe *Holmes/Sunstein*, The Cost of Rights, 1999, S. 26ff.

[17] BVerfGE 77, 84 (110).

[18] Zur Schwierigkeit, aus diesem Topos normative Schlüsse abzuleiten: *Leisner*, Leistungsfähigkeit, 1998.

[19] *Hamilton*, Federalist No. 78, in: Cooke (Hrsg.), The Federalist, Middletown 1961, S. 523; dazu *Frug*, The Judicial Power of the Purse, U. Penn. L. Rev. 126 (1978), S. 715ff.

[20] Vgl. nur *Starck*, Die Bindung des Richters an Gesetz und Verfassung, in: VVDStRL 34 (1976), S. 43 (75). Ähnlich auch *Haverkate*, Leistungsstaat, 1983, S. 104; *Böckenförde*, Die sozialen Grundrechte im Verfassungsgefüge, in: Staat, Verfassung, Demokratie, 1991, S. 146 (152). Knapper Überblick über die Diskussionslage bei *Alexy*, Theorie der Grundrechte, 1994, S. 458ff.

[21] BVerfGE 77, 84 (110). Näher dazu unten Fn. 208.

[22] Vgl. aber *Martens*, Grundrechte im Leistungsstaat, in: VVDStRL 30 (1972), S. 7 (25).

[23] So der Vorwurf von *Meyer*, Diskussionsbemerkung, in: VVDStRL 34 (1976), S. 132.

rechten assoziiert werden könnte, also etwa präzise zwischen finanzneutralen Abwehrrechten und finanzwirksamen sonstigen Rechten zu unterscheiden wäre. Angesichts der bekannten Zurückhaltung des Parlamentarischen Rates bei der Normierung sozialer Rechte würde das Problem der Finanzwirksamkeit von Grundrechten dann weitgehend in der Frage nach der „leistungsstaatlichen" Ausdehnung des Grundrechtsschutzes aufgehen.[24] Die Annahme, dass Freiheitsrechte „nahezu kostenlos" gewährt werden können, wird jedoch nur derjenige teilen, der das Funktionieren des Rechtsstaates und seiner Verwaltung für selbstverständlich hält.[25] Sensibler für die Kostendimension auch klassisch freiheitsrechtlicher Grundrechtsgehalte sind hier Rechtsordnungen, in denen der Aufbau einer rechtsstaatlichen Infrastruktur Teil des Entwicklungsprojekts Verfassung ist.[26] So betont das Verfassungsgericht der Republik Südafrika die Dialektik, die zwischen der parlamentarischen Haushaltsautonomie und effektivem Grundrechtsschutz auch jenseits von „sozialen" Rechten besteht:

„In particular the objectors argued it would result in the courts dictating to the government how the budget should be allocated. It is true that the inclusion of socio-economic rights may result in courts making orders which have direct implications for budgetary matters. However, even when a court enforces civil and political rights such as equality, freedom of speech and the right to a fair trial, the order it makes will often have such implications. [...] In our view it cannot be said that by including socio-economic rights within a bill of rights, a task is conferred upon the courts so different from that ordinarily conferred upon them by a bill of rights that it results in a breach of the separation of powers".[27]

---

[24] Zur Terminologie und zur Kontroverse, wie auf den Befund zu reagieren ist, dass das Grundgesetz kaum „soziale" Rechte bzw. Pflichten enthält, siehe nur *Sachs*, § 67: Leistungsrechte, in: Stern, Das Staatsrecht der Bundesrepublik Deutschland, Bd. III/1, 1988, S. 687 ff., 716 ff.; *Alexy*, Theorie der Grundrechte, 1994, S. 395 ff., 402 ff., 454 ff.; *Borowski*, Grundrechtliche Leistungsrechte, JöR 50 (2002), S. 301 ff.; *ders.*, Grundrechte als Prinzipien, ²2007, S. 293 ff. Speziell zu den „sozialen Grundrechten" auch *Rüfner*, Leistungsrechte, in: HGR II, 2006, § 40 Rn. 11 ff.; *Eichenhofer*, Soziale Menschenrechte, 2012, S. 60 ff.

[25] So etwa *Starck*, Staatliche Organisation und staatliche Finanzierung, in: Freiheit und Institutionen, 2002, S. 158 (196). Vgl. auch *Murswiek*, Teilhaberechte, soziale Grundrechte, HStR IX, ³2011, § 192 Rn. 64: „Die Freiheit als solche kostet nichts und kann ohne Rücksicht auf die wirtschaftliche Situation unbedingt gewährleistet werden". Zu den mit dieser Überzeugung verbundenen Annahmen näher unter D. I. 1.

[26] Gleiches gilt im übrigen für Verfassungsordnungen, die sich in einer akuten Schuldenkrise befinden, vgl. dazu BVerfGE 118, 124 – *Völkerrechtliche Notstandseinrede*; vgl. insbesondere die ebd., S. 146, im Sondervotum *Lübbe-Wolff* zitierte Stellungnahme der Regierung Südafrikas gegenüber dem vorbereitenden Ausschuss der Haager Kodifikationskonferenz von 1930: „Von einem Staat kann beispielsweise nicht erwartet werden, dass er seine Schulen, Universitäten und Gerichte schließt, seine Polizeikräfte entlässt und seine öffentlichen Dienstleistungen in einem solchen Ausmaß vernachlässigt, dass die Gemeinschaft dem Chaos und der Anarchie ausgesetzt wird, nur um seine ausländischen oder einheimischen Darlehensgeber zu befriedigen".

[27] Verfassungsgericht der Republik Südafrika, Urteil vom 6. September 1996, *Certification*

Der Schutz von Grundrechten hinterlässt damit im Haushaltsplan tiefere Spuren als wohl gemeinhin bewusst. Zwar nicht alle, aber doch eine signifikante Zahl von verfassungsgerichtlichen Entscheidungen verursacht grundrechtsspezifische Mehrkosten, die das gewaltenteilungstheoretisch ohnehin riskante Verhältnis von Verfassungsgerichtsbarkeit und (Haushalts-)Gesetzgeber zusätzlich fiskalisch aufladen. Hierin liegt der eigentliche Kern der provokanten Formulierung von *Holmes* und *Sunstein*: „A legal right exists, in reality, only when and if it has budgetary costs".[28] Doch welches weitergehende Erkenntnisinteresse verbindet sich mit diesem Befund aus rechtswissenschaftlicher Sicht? Die präzise Qualifizierung und Quantifizierung der Kosten(arten) des Grundrechtsschutzes ist Sache der politischen Ökonomie; auch für eine normative Gesellschaftstheorie kann die notwendige Verbindung von Rechten und Kosten zum Argument werden.[29] Im engeren Sinne *rechtswissenschaftlich* und vor allem *verfassungsrechtlich* relevant ist hingegen, unter welchen Bedingungen und in welcher Form sich die Auslegung und Anwendung der Freiheitsrechte des Grundgesetzes dazu verhalten kann und/oder sollte, dass diese Rechte eine distinkte fiskalische Dimension haben. Anders formuliert: Wie kann der maßgeblich auf dem Budgetrecht basierenden Gestaltungshoheit des demokratischen Gesetzgebers Rechnung getragen werden, ohne dass der wirksame Schutz der Freiheitsrechte im Wortsinne zur kleinen Münze wird? Implizit mitverhandelt wird dabei immer auch die Stellung der Verfassungsgerichtsbarkeit im gewaltenteilenden Gefüge.

Ausgangspunkt für die folgenden Überlegungen ist die Beobachtung, dass sich in der bundesverfassungsgerichtlichen Praxis Strukturen im Umgang mit dieser Kollision von Grundrechten einerseits und dem in seinem normativen Gehalt schwer rekonstruierbaren „Budgetrecht" andererseits etabliert haben, die sich nur mit Mühe in die etablierten Grundrechtslehren einordnen lassen. Ziel ist, auf der Basis einer Rekonstruktion dieser Rechtsprechung Grundzüge einer Dogmatik des Verhältnisses von Freiheitsrechten und den mit ihrem Schutz verbundenen Haushaltsbelangen zu entwickeln. Getragen ist die Untersuchung von der Überzeugung, dass die Beschäftigung mit Grundrechten der Auseinandersetzung mit der Effizienz-, Rationalisierungs- und Budgetierungslogik, die Finanzierungsfragen fast notwendig provozieren, nicht dauerhaft ausweichen kann – auch und gerade weil entsprechende Überlegungen wenigstens implizit schon immer beeinflusst haben, wie weit die Schutzgehalte einzel-

*of the Constitution of the Republic of South Africa*, 1996 (CCT 23/96) [1996] ZACC 26, para. 77.

[28] *Holmes/Sunstein*, The Cost of Rights, 1999, S. 19, sowie ebd., S. 38 ff.

[29] Hier ist eben das Projekt von *Holmes/Sunstein*, The Cost of Rights, 1999, einzuordnen.

ner Grundrechte gefasst werden und in welchem Umfang sich Eingriffsmaßnahmen rechtfertigen müssen.[30]

Die Bedeutung der fiskalischen Dimension für den Umgang mit Grundrechten anzuerkennen, darf dabei nicht als Plädoyer für eine Ökonomisierung des Grundrechtsdenkens missverstanden werden. Das Gegenteil ist der Fall: Das Verfassungsrecht muss sich auf die Finanzfrage einlassen, da nur so der potentiell kolonialisierenden Wirkung des ökonomischen Imperativs wirkungsvoll begegnet werden kann. Es gilt also, auf der Grundlage der grundrechtstheoretischen und grundrechtsdogmatischen Diskussionen das juristische Terrain zu sichern und ausgehend von den dortigen Einsichten Vorgaben für den Umgang mit der fiskalischen Dimension der Grundrechte zu entwickeln.

An dieser Stelle sei noch darauf hingewiesen, dass die Beschränkung der Untersuchung auf die *Freiheits*rechte das Thema der Finanzwirksamkeit von Grundrechten offensichtlich nicht erschöpft. Die finanzwirksamen Folgen, die mit der Durchsetzung von *Gleichheits*rechten, insbesondere im Steuerrecht, sowie mit den Rechten aus Art. 33 GG einhergehen, müssen hier jedoch weitgehend ausgeklammert bleiben.[31] Angesichts der Aufmerksamkeit, die das Problem der Finanzwirksamkeit im dortigen Diskurs bereits erfahren hat, ist dies hinzunehmen.[32]

---

[30] Vgl. hierzu insbesondere BVerfGE 115, 25 – *Gesetzliche Krankenversicherung*. Dazu unten B. III. 3. Vgl. zu diesem Problemkomplex auch die Referate von *Lege*, Knappheit, in: VVDStRL 70 (2011), S. 114 ff.; *Kingreen*, Knappheit, in: VVDStRL 70 (2011), S. 154 ff.; sowie *Münkler*, Kosten-Nutzen-Bewertungen, 2015. Weitere Nachweise zur Ökonomisierungsdiskussion im Öffentlichen Recht unten unter E.

[31] Damit ist gleichzeitig negativ definiert, was in der vorliegenden Untersuchung unter „Freiheitsrechten" verstanden wird. Zwar findet sich in der Literatur keine allgemein akzeptierte Definition, doch werden „Freiheits(grund)rechte" verbreitet von sozialen, prozessualen und politischen Grundrechten unterschieden (so etwa – unter Verzicht auf eine positive Definition – *von Arnauld*, Die Freiheitsrechte und ihre Schranken, 1999, S. 15 Fn. 1; ähnlich *Cremer*, Freiheitsgrundrechte, 2003, S. 1 f.; vgl. auch die unter dem Titel „Freiheitsrechte" in Band VII der 3. Aufl. des HStR aufgenommenen Grundrechte). Im Unterschied zu dieser typologischen bzw. ideengeschichtlichen Engführung werden hier unter „Freiheitsrechten" zunächst alle Grundrechtsnormen verstanden, deren Schutzgehalte Bezüge zu den bekannten Freiheitsdimensionen aufweisen (zu diesen *Poscher*, Grundrechte als Abwehrrechte, 2003, S. 109 ff.), was etwa auch prozessuale Rechte und „Leistungsrechte" einschließt, soweit diese auf Gewährleistung „realer Freiheit" (dazu sogleich Fn. 33) gerichtet sind; demgegenüber wird der Ausdruck Freiheits*grund*rechte im Sinne von *Cremer* und *von Arnauld* gebraucht. Die Ausweitung des Untersuchungsfelds ermöglicht, das Phänomen der Finanzwirksamkeit umfassend und über etablierte Kategorien der Grundrechtsdogmatik hinweg in den Blick zu nehmen. Erst dadurch ist es möglich, eingeübte Unterscheidungen neu in Frage zu stellen (dazu vor allem unter D. I. 1.).

[32] Vgl. für Art. 3 Abs. 1 GG und Art. 33 Abs. 5 nur *Ortmann*, Finanzwirksamkeit, 2007, S. 109 ff., 198 ff., 236 ff, sowie zu Art. 3 Abs. 1 GG auch die Hinweise unten in Fn. 35, 60, 108, 116.

# B. Eine Typologie der Finanzwirksamkeit von Freiheitsrechten

Die rechtstatsächliche Einsicht, dass Grundrechtsschutz auch jenseits der Durchsetzung „sozialer" Rechte Geld kostet, wird nur dann zum genuin verfassungsrechtlichen Problem, wenn man davon ausgeht, dass bestimmte, für das Gelingen einer Grundrechtsordnung relevante soziale Sachverhalte – hier: der Status und die Verwendung der Staatsfinanzen – und die Grundrechtsanwendung nicht beziehungslos nebeneinander stehen, dass sich Grundrechtsschutz und Grundrechtsdogmatik also in Grenzen responsiv zu ihren Wirksamkeitsbedingungen verhalten. Nun geht unter dem Grundgesetz die Bedeutung der Grundrechte nicht darin auf, Eingriffe in der Verfassungsordnung vorgängige Freiheiten abzuwehren; vielmehr kommt es unter bestimmten Bedingungen staatlichen Organen von Verfassungs wegen zu, an der Bereitstellung und Erhaltung entsprechend geschützter Güter mitzuwirken, also positiv auf die existierende gesellschaftliche Ordnung einzuwirken.[33]

Weitgehend unklar ist jedoch, *ob* und *wie* das Bundesverfassungsgericht Gesetzgeber und Verwaltung zu finanzwirksamen Maßnahmen verpflichten kann. Insoweit fehlt es bereits an einer konsentierten Bestandsaufnahme der finanzwirksamen Grundrechtsjudikate. Diese Erkenntnislücke gilt es in einem ersten Schritt zu schließen. Das Problem der Finanzwirksamkeit von Freiheitsrechten wird hier also aus einer Untersuchung der Verfassungsrechtspraxis heraus entwickelt. Dieser Zugriff ermöglicht eine Analyse, die weitgehend unbe-

---

[33] Vgl. nur die Nachweise bei *Bumke*, Ausgestaltung von Grundrechten, 2009, S. 9 f. Dieser Befund ist ungeachtet der intensiven grundrechtstheoretischen Kontroversen um den Freiheitsbegriff, insbesondere um das Konzept der „realen" Freiheit" anerkannt – zu diesem Streit vgl. nur einerseits: *Häberle*, Wesensgehaltgarantie, ³1983, S. 70 ff., 150 ff.; *ders.*, Grundrechte im Leistungsstaat, in: VVDStRL 30 (1972), S. 43 (140) und passim; andererseits: *Poscher*, Grundrechte als Abwehrrechte, 2003, S. 54 ff., 109 ff., 130 ff., mit dem Hinweis, dass auch ein abwehrrechtliches Verständnis der Grundrechte Aspekte „realer" Freiheit berücksichtigt; ein Überblick über die Diskussion bei *Krebs*, Rechtliche und reale Freiheit, in: HGR II, 2006, § 31, und *Voßkuhle/Wischmeyer*, Der Jurist im Kontext, JöR 63 (2015), S. 401 ff. Im Folgenden wird zu zeigen sein, dass sich effektiver Grundrechtschutz (auch von Abwehrrechten) in weiten Bereichen jedenfalls nicht kostenneutral denken lässt; dies greift bestimmte Intuitionen der Theorie „realer" Freiheit auf, berücksichtigt jedoch in der dogmatischen Einordnung zentrale Vorbehalte gegen diesen Ansatz. Zu alldem näher unter D.

fangen von den Vorfestlegungen und Vorverständnissen operiert, die etablierte Begriffe der Grundrechtstheorie und Grundrechtsdogmatik transportieren. Auf diese Weise lässt sich nicht nur zeigen, dass der Umgang mit dem Kostenproblem Strukturen aufweist, die quer zu den bekannten Grundrechtsdimensionen und -funktionen stehen. Auch können so die eingeführten Begriffe und Programme auf blinde Flecke überprüft werden. Der Versuch, jenseits der etablierten Kategorien eine eigenständige und tiefenscharfe Finanzwirksamkeitsdogmatik zu entwickeln, ist im Anschluss zu unternehmen.

In die Untersuchung sind nun alle die Entscheidungen einzubeziehen, die den Staat im finanzverfassungsrechtlichen Sinne zu (Mehr-)*Ausgaben* nötigen.[34] Zwar können auch Entscheidungen, die die staatliche Generierung von *Einnahmen* untersagen, Wirkungen für den Staatshaushalt entfalten – die verfassungsgerichtliche Kontrolle erfolgt insoweit vorrangig am Maßstab der Gleichheitsrechte.[35] Mit dem Schutz der Bürgerinnen und Bürger vor (zusätzli-

---

[34] Zur grundlegenden haushaltsrechtlichen Unterscheidung von Einnahmen und Ausgaben vgl. nur Art. 110 Abs. 1 GG, § 10 Abs. 3 HGrG, § 13 Abs. 3 BHO. Die sich bei der Abgrenzung im Detail stellenden Schwierigkeiten sind vorliegend nicht weiter von Relevanz, vgl. dazu nur *Hillgruber*, in: von Mangoldt/Klein/Starck (Hrsg.), Kommentar zum Grundgesetz, Bd. III, [6]2010, Art. 110 Rn. 15 f., 31 f.

[35] Siehe nur ganz beispielhaft aus der unüberschaubaren Rechtsprechung im Abgabenrecht zu gleichheitswidrigen Differenzierungen bei der Ausweitung von Leistungspflichten oder dem Versagen von Ausnahmen: BVerfGE 101, 132; 105, 73 – *Pensionsbesteuerung*; 107, 27 – *Doppelte Haushaltsführung*; 112, 164; 115, 381 – *Dauerpflegschaften*; zum Sonderfall der Nichtigkeit wegen vorhersehbar gleichheitswidriger Vollzugsdefizite BVerfGE 110, 94 – *Spekulationssteuer*. Jenseits der durch Art. 3 Abs. 1 GG insoweit gewährleisteten relationalen Kontrolle – in deren Rahmen bisweilen auf weitere Grundrechte Bezug genommen wird, um vom Gesetzgeber gewählte Differenzierungsmerkmale zu überprüfen (vgl. etwa für Art. 6 Abs. 1 GG: BVerfGE 103, 242 – *Pflegeversicherung III*; 114, 316 – *Zweitwohnungsteuer II*) – zögert das Bundesverfassungsgericht, finanziellen Mehrbelastungen des Einzelnen mit dem Argument entgegenzutreten, diese würden seine grundrechtlichen Freiheiten übermäßig einschränken. Siehe zur weitgehend offenen Frage, welche Grenzen Art. 14 Abs. 1 GG der Besteuerung aus freiheitlicher Sicht jenseits einer „konfiskatorischen" Abschöpfung zieht, nur BVerfGE 115, 97 (110 ff.) – *Halbteilungsgrundsatz*. Vgl. aber auch die insoweit großzügigere Beschränkung der Kostentragungspflicht des Zustandsstörers aus Art. 14 Abs. 1 GG in BVerfGE 102, 1 (14 f., 19 ff.) – *Altlasten*; strukturell analog leitet BVerfGE 127, 263 – *Haftungsprivilegierung Elternteil*, aus Art. 6 Abs. 1 GG Beschränkungen der Haftungsüberleitung nach § 116 SGB X her. Dagegen stützt sich die umfangreiche Rechtsprechung zu Sonderabgaben im Ausgangspunkt auf Art. 12 Abs. 1 GG (in Verbindung mit Art. 105 und 110 GG), vgl. nur BVerfGE 122, 316 (332 ff.) – *CMA*. Freiheitsrechte wirken schließlich auch soweit begrenzend auf die staatliche Finanzierungstätigkeit, als sie das Verfahren der Finanz- und Sozialverwaltung restriktiv beeinflussen – vgl. nur die Fallgestaltung in BVerfGE 118, 168 – *Kontostammdaten*. Diese Fallgruppe überschneidet sich teilweise mit den rechtsstaatlichen Infrastrukturkosten (unter B. I.) und den Kosten für prozedurale Absicherungen, die als Reaktion auf Freiheitseingriffe erforderlich sind (vgl. dazu unter B. III. 1). Hieran zeigt sich, dass die Zuordnung zu Einnahmen oder Ausgaben nicht immer völlig zweifelsfrei möglich ist. Speziell gelagert ist schließlich der Abwehranspruch aus Art. 12 GG, den das Gericht Berufstätigen gegenüber der

chen) Belastungen kommt die Verfassungsgerichtsbarkeit jedoch schlicht ihrer originären Aufgabe nach. Die in der Einleitung angeführten Stimmen haben dagegen deutlich gemacht, dass erst der gerichtlichen Verpflichtung zu (Mehr-) *Ausgaben* die besondere gewaltenteilungstheoretische Qualität zugeschrieben wird, die sich als Konflikt von Grundrechtsschutz und gesetzgeberischer Haushaltsautonomie beschreiben lässt.

Eine repräsentative Untersuchung der aktuellen Verfassungsrechtsprechung zeigt allerdings, dass der Schutz von Freiheitsrechten in vielfältiger Weise die Ausgabenseite des Haushaltsplans tangiert.[36] In einer typologischen Überschau lassen sich vier Grundkonstellationen unterscheiden: Freiheitsrechte können den Staat zu Ausgaben für den Aufbau und den Erhalt der rechtsstaatlichen Infrastruktur (I.), zur Erfüllung originärer grundrechtlicher Ansprüche (II.) oder auf die verhältnismäßige Abfederung von Grundrechtseingriffen verpflichten (III.); ferner ziehen die Freiheitsrechte gesetzgeberischen Sparbemühungen Grenzen (IV.).

## I. Rechtsstaatliche Infrastrukturkosten

Dass der Staat auch im Bereich des Grundrechtsschutzes „erst durch die haushaltsmäßige Zuweisung von Geld handlungs- und funktionsfähig" wird, wurde bereits hervorgehoben.[37] Nicht nur der Sozialstaat, auch der Rechtsstaat geht mit erheblichen „budgetary costs"[38] oder „bürokratischen" Kosten einher.[39] Allerdings sind diese durch Steuererträge finanzierten sozialen oder „Infrastrukturkosten", die die administrative und judikative Durchsetzung aller Art von (Grund-)Rechten überhaupt erst ermöglichen, in der allgemeinen Wahrneh-

(auch) fiskalisch motivierten, also auf erhöhte Einnahmen zielenden Verstaatlichung von Gewerbezweigen zuerkennt, dazu BVerfGE 102, 197 – *Spielbankengesetz Baden-Württemberg*; 115, 276 – *Sportwetten*; 126, 112 – *Öffentlicher Rettungsdienst*. Zur Kehrseite – fiskalisch motivierten Sparmaßnahmen – vgl. unter B. IV.

[36] Für die folgende Analyse wurden alle in der amtlichen Sammlung ab Band 100 bis Band 134 veröffentlichten Entscheidungen ausgewertet. Zur Repräsentativität der amtlichen Sammlung für die Verfassungsrechtspraxis vgl. *Poscher*, Grundrechte als Abwehrrechte, 2003, S. 228. Ältere sowie nicht in die amtliche Sammlung aufgenommene Entscheidungen wurden zusätzlich herangezogen, um die Darstellung zu vervollständigen und einzelne Aspekte zu vertiefen.

[37] *Waldhoff*, Grundzüge des Finanzrechts, HStR V, ³2007, § 116 Rn. 125 m. w. N.

[38] *Holmes/Sunstein*, The Cost of Rights, 1999, S. 19.

[39] Dazu *Wahl*, Die bürokratischen Kosten des Rechts- und Sozialstaats, Die Verwaltung 13 (1980), S. 273 (278 ff.); *Rüfner*, Leistungsrechte, in: HGR II, 2006, § 40 Rn. 15 f.; *Cremer*, Freiheitsgrundrechte, 2003, S. 319 ff. Dieser Kostenart gilt ein wesentlicher Teil der Argumentation von *Holmes/Sunstein*, The Cost of Rights, 1999 (vgl. etwa ebd., S. 15, 43 ff., 119 f.).

mung wenig präsent. Ursache dafür ist wohl, dass die maßgeblichen Investitionen in rechtsstaatliche Strukturen bereits vor langer Zeit getätigt wurden und entsprechende Etats nur fortgeschrieben werden.[40] In Zeiten knapper Mittel wird jedoch auch derart „versunkenen" Kosten wieder Aufmerksamkeit zuteil; die Erosion der Infrastruktur nötigt sogar bisweilen zur neuen verfassungsgerichtlichen Prüfung und zu spezifischen Verpflichtungen des Gesetzgebers.[41]

Die originäre staatliche Pflicht zur Gewährleistung einer rechtsstaatlichen Infrastruktur, die eine „tatsächlich wirksame gerichtliche Kontrolle"[42] sicherstellt, wird verfassungsrechtlich vor allem über die subjektivierte Rechtsschutzgarantie des Art. 19 Abs. 4 GG und über den allgemeinen Justizgewährungsanspruch aktiviert. Die damit verbundenen Ansprüche auf die Bereitstellung von Verfahren und auf eine angemessene organisatorische und personelle Ausstattung[43] beschränken sich nicht auf das gerichtliche Forum[44], sondern entfalten

---

[40] Umgekehrt stellt sich die Situation da, wo entsprechende Institutionen erst geschaffen werden müssen, vgl. *Riegner/Wischmeyer*, Rechtliche Zusammenarbeit, Der Staat 50 (2011), S. 436 ff.

[41] Siehe dazu neben den in diesem Abschnitt angeführten insbesondere auch die in Fn. 9 bis 11 zitierten Entscheidungen. Zur Ausstattung der Justiz aus verfassungsrechtlicher Sicht jüngst auch *Wittreck*, Dritte Gewalt im Wandel, VVDStRL 74 (2015), S. 115 ff.

[42] So die Formulierung in BVerfGE 101, 397 (408); vgl. auch BVerfGE 100, 313 (364) – *TKÜ*; 103, 142 (152 f.) – *Wohnungsdurchsuchung*.

[43] Zum leistungsrechtlichen Charakter der Rechtschutzgarantien vgl. nur BVerfGE 101, 106 (123) – *Akteneinsichtsrecht*: „Der Rechtsweg, den Art. 19 Abs. 4 GG dem Einzelnen gewährleistet, bedarf allerdings der gesetzlichen Ausgestaltung. Rechtsschutz ist eine staatliche Leistung, deren Voraussetzungen erst geschaffen, deren Art näher bestimmt und deren Umfang im einzelnen festgelegt werden müssen." Identisch etwa BVerfGE 118, 168 (207) – *Kontostammdaten*; 133, 1 (23), Rn. 69 – *Verzinsung für Kartellbußen*. Siehe auch bereits *Jellinek*, System der subjektiven öffentlichen Rechte, ²1905, S. 124: „Der bedeutsamste gleichsam aus dem Zentrum des positiven Status entspringende Anspruch ist der auf Rechtsschutz [...]." Ausführlich *Voßkuhle*, Rechtsschutz gegen den Richter, 1993, S. 6 m. w. N.; vgl. auch *Poscher*, Grundrechte als Abwehrrechte, 2003, S. 391 f. Plastisch zur Abhängigkeit eines fairen, rechtsstaatlichen Verfahrens von einer angemessenen finanziellen Ausstattung der Justiz die Hinweise in BVerfGE 133, 168 (171), Rn. 3 – *Absprachen im Strafprozess*.

Wenn Justizgrundrechte dennoch teilweise nicht als „Leistungsrechte" klassifiziert werden (so bei *Murswiek*, Teilhaberechte, soziale Grundrechte, HStR IX, ³2011, § 192 Rn. 23, da der Staat bei der Erfüllung entsprechender Pflichten nicht zur „Umverteilung des Sozialprodukts", sondern als „klassisch-liberaler Rechtsstaat" tätig werde) oder ihr fiskalischer Charakter negiert wird (*Rüfner*, Leistungsrechte, in: HGR II, 2006, § 40 Rn. 4, qualifiziert die Justizgrundrechte zwar als Leistungsrechte, die allerdings auf nicht-materielle Leistungen gerichtet seien), ist dies eine problematische Strategie, die unter D. I. 1. näher analysiert wird; dazu bereits *Sachs*, § 67: Leistungsrechte, in: Stern, Das Staatsrecht der Bundesrepublik Deutschland, Bd. III/1, 1988, S. 717 m. w. N.

[44] Zur Ausdehnung der Pflicht zur Rechtsschutzgewähr vgl. BVerfGE 104, 220 – *Fortsetzungsfeststellungsinteresse bei Abschiebehaft*; 110, 77 – *Fortsetzungsfeststellungsinteresse bei Grundrechtsbetroffenheit*; vgl. auch die durch BVerfGE 115, 81, anerkannte Pflicht, Rechtsschutz gegen Rechtsverordnungen zu gewährleisten. Ressourcen bindet auch der aus dem all-

bereits für die Ausgestaltung des Verwaltungsverfahrens dirigierende Kraft[45]. Sie erfassen sowohl den individuellen Rechtsschutz gegenüber staatlichen Eingriffen als auch die Pflicht des Staates, für Rechtsstreitigkeiten zwischen Privaten grundrechtssensible Verfahren vorzuhalten; gegebenenfalls muss der Staat durch unmittelbare Leistungen an Private diesen die Realisierung ihrer Rechte ermöglichen.[46] Denn – um die bekannte Formulierung der ersten *Numerus Clausus*-Entscheidung zu adaptieren – auch die Vertragsfreiheit und die durch das Handeln Privater untereinander mittelbar berührten Grundrechte wären ohne die tatsächlichen Voraussetzungen, sie in Anspruch nehmen bzw. sich darauf berufen zu können, d.h. ohne die Instandhaltung eines funktionierenden Gerichtssystems, wertlos und liefen leer.[47]

Auch aus anderen Grundrechten und grundrechtsgleichen Rechten können in bestimmten Fällen entsprechende originäre verfahrens- und infrastrukturbezogene Pflichten bzw. Ansprüche hergeleitet werden.[48] So tangiert die Durch-

---

gemeinen Justizgewährungsanspruch hergeleitete Anspruch bei Gehörsverletzungen; dazu grundlegend BVerfGE 107, 395 – *Rechtsschutz gegen den Richter.*

[45] Vgl. insbesondere BVerfGE 103, 142 (160 m.w.N.) – *Wohnungsdurchsuchung*, wonach sich aus Art. 19 Abs. 4 GG „für die Strafverfolgungsbehörden Dokumentations- und Begründungspflichten ergeben, die den wirksamen gerichtlichen Rechtsschutz erst möglich machen"; in diese Richtung auch BVerfGE 100, 313 (364) – *TKÜ*; sowie dann auch unter Hinweis auf Benachrichtigungspflichten BVerfGE 109, 279 (363f.) – *Großer Lauschangriff*; 118, 168 (207f.) – *Kontostammdaten.*

[46] Bemerkenswert ist, dass das Bundesverfassungsgericht den Anspruch auf Prozesskosten- und Beratungshilfe in gefestigter Rechtsprechung als „Anspruch auf Rechtswahrnehmungsgleichheit" aus Art. 3 Abs. 1 in Verbindung mit dem Sozialstaatsprinzip des Art. 20 Abs. 1 GG und dem in Art. 20 Abs. 3 GG allgemein niedergelegten Rechtsstaatsprinzip ableitet. Vgl. nur BVerfGE 122, 39 – *Beratungshilfe*; sowie schon BVerfGE 9, 124 – *Armenrecht*; 67, 245 (248); 81, 347 (356). Siehe zu dieser Art der Konstruktion von Ansprüchen allgemein unten Fn. 60. Vgl. auch die Ausführungen zur Höhe der Anwaltshonorare in BVerfGE 118, 1 (25), wonach zum staatlichen Schutzauftrag gehöre, „darauf zu achten, dass die Justizgewährung nicht durch die Belastung mit den Kosten zu hoher Anwaltshonorare erschwert wird".

[47] Vgl. BVerfGE 33, 303 (331) – *Numerus Clausus I.* Zur Abhängigkeit der Wirksamkeit von Grundrechten im Privatrechtsverhältnis von staatlichen (Rechtsschutz-)Verfahren vgl. nur BVerfGE 119, 1 (22) – *Esra.*

[48] BVerfGE 118, 212 – *Revisionsgrenzen bei Rechtsfolgenzumessung*, erkennt etwa Anhörungs- und Begründungspflichten aus dem Recht auf ein faires Verfahren an; BVerfGE 134, 242 (299), Rn. 190 – *Garzweiler*, definiert die Gewährleistung effektiven Rechtsschutzes, die auch und gerade eine spezifische Gestaltung des Verwaltungsverfahrens voraussetzt, als wesentliches Element der Eigentumsgarantie. Neben die hier beschriebene Pflicht des Staates zum Aufbau einer rechtsstaatlichen „Infrastruktur" treten weitere in B. II. beschriebene – originäre – Leistungspflichten, die zur Einrichtung von Verfahren nötigen, aber nicht spezifisch auf den Rechtsschutz bezogen sind, sondern den Gesetzgeber die Erfüllung „sonstiger" Handlungspflichten in prozeduraler Form aufgeben, sowie die unter B. III. 1. analysierten – bedingten – prozeduralen Pflichten, die dazu dienen, Grundrechtseingriffe auf das (noch) Verhältnismäßige abzufedern.

Diese einzelnen „Aspekte" grundrechtsschützender Verfahrensanforderungen sind setzung der vom Verfassungsgeber angeordneten verfahrensrechtlichen Absicherungen einzelner Grundrechte (etwa Art. 10 Abs. 2 Satz 2 GG oder Art. 13 Abs. 2 bis 4 GG) den Haushalt, insofern sie den Gesetzgeber zur Einrichtung eines entsprechende Mittel absorbierenden Rechtsschutzverfahrens anhalten. Die Verpflichtung des Staates aus Art. 104 Abs. 2 GG, grundsätzlich die Erreichbarkeit eines zuständigen Richters zu gewährleisten und diesem eine sachangemessene Wahrnehmung seiner Aufgaben zu ermöglichen, ist hier nur das vielleicht bekannteste Beispiel.[49]

In allen Fällen betont das Gericht, dass die staatliche Pflicht, die Voraussetzung für wirksamen Rechtsschutz zu schaffen, nur eingeschränkt kontrolliert wird; der Gesetzgeber hat insoweit einen beträchtlichen Gestaltungsspielraum.[50] Die Pflicht ist kein Optimalitätsgebot.[51] Reformen unter dem Rubrum der Prozessökonomie, die ja regelmäßig auch der Schonung staatlicher Ressourcen dienen, bleiben möglich.[52] Dennoch können von Gesetzgeber und Jus-

---

zweckmäßigerweise voneinander zu unterscheiden und nicht vorschnell in einer einzelnen „objektiven Verfahrensdimension" aufzuheben. Zum „Querschnittscharakter" des Verfahrensgedankens vgl. auch die Nachweise bei *Dreier*, in: ders. (Hrsg.), Grundgesetz, Bd. I, [3]2013, Vorb. Rn. 105 mit Fn. 534; zur Schwierigkeit, verfahrensrechtliche Schutzmaßnahmen in der Grundrechtsdogmatik zu verorten, bereits *Stern*, § 69: Die objektiv-rechtlichen Grundrechtsgehalte, in: ders., Das Staatsrecht der Bundesrepublik Deutschland, Bd. III/1, 1988, S. 977; *Dreier*, Dimensionen der Grundrechte, 1993, S. 45 f. (insbes. Fn. 69 m. w. N.); *Jarass*, Bausteine einer umfassenden Grundrechtsdogmatik, AöR 120 (1995), S. 345 (353); *Bumke*, Grundrechtsvorbehalt, 1998, S. 74 f.; *Poscher*, Grundrechte als Abwehrrechte, 2003, S. 390 ff.; *Borowski*, Grundrechte als Prinzipien, [2]2007, S. 226 (zur bislang unklaren Abgrenzung von grundrechtlichen Rechten auf Organisation und Verfahren zu den positivierten Verfahrensgrundrechten, insbesondere den Justizgrundrechten, vgl. die Nachweise ebd., S. 371 mit Fn. 17).

Zur Unklarheit tragen einzelne Judikate bei. Schwer einordnen lassen sich die im Sondervotum von BVR *Sommer* und BVRin *Lübbe-Wolff* zu BVerfGE 108, 129 (145 ff.), anerkannte Pflicht staatlicher Organe, namentlich der Gerichte, zur Sachverhaltsaufklärung aus Art. 2 Abs. 2 GG i. V. m. Art. 19 Abs. 4 GG, sowie der von BVerfGE 115, 205, anerkannte Anspruch aus Art. 12 Abs. 1 GG auf eine den Betriebs- und Geschäftsgeheimnissen der Grundrechtsberechtigten Rechnung tragende Ausgestaltung des verwaltungsgerichtlichen Verfahrens.

[49] BVerfGE 105, 239 – *Richtervorbehalt*. Siehe auch zu Art. 10 Abs. 1 GG BVerfGE 100, 313 (361) – *TKÜ I*; 124, 43 (70 f.) – *Beschlagnahme von E-Mails*; zu Art. 13 Abs. 3 und 4 GG BVerfGE 109, 279 (357 f.) – *Großer Lauschangriff*. Zu den ungeschrieben Richtervorbehalten, die die jüngere Rechtsprechung in Anlehnung an diese kodifizierten Richtervorbehalte anerkennt, siehe unten die Nachweise in Fn. 73.

[50] Besonders klar BVerfGE 101, 106 (123) – *Akteneinsichtsrecht im Verwaltungsprozess*. Wegen der Komplexität der Entscheidung und der Vielzahl der betroffenen Interessen billigt BVerfGE 116, 1, etwa das weitgehend formlose Auswahl- und Rechtsschutzverfahren bei der Bestellung von Insolvenzverwaltern (allerdings auch, weil Sekundärrechtsschutz möglich ist).

[51] So stellt BVerfGE 116, 135, recht lapidar fest, dass die Ausgestaltung des Rechtsschutzes im Vergaberecht den Anforderungen des allgemeinen Justizgewährungsanspruchs jedenfalls genügt.

[52] Vgl. etwa BVerfGE 118, 212 (215) – *Revisionsgrenzen bei Rechtsfolgenzumessung*, wo das

tizverwaltungen im Einzelfall zur Sicherung von Minimalstandards der Rechtspflege erhebliche Anstrengungen verlangt werden. Gerade im Bereich der besonders grundrechtsinvasiven Strafjustiz verstellt das Bundesverfassungsgericht den Gerichten eine effizienzorientierte Reaktion auf legislative und administrative Sparbemühungen und fordert vom Haushaltsgesetzgeber die Bereitstellung ausreichender Mittel. So lesen sich die Ausführungen in einer aktuellen Kammerentscheidung zum Recht der Untersuchungshaft als grundsätzlicher Appell:

> „[D]ie nicht nur kurzfristige Überlastung eines Gerichts [kann] selbst dann die Fortdauer der Untersuchungshaft nicht rechtfertigen, wenn sie auf einem Geschäftsanfall beruht, der sich trotz Ausschöpfung aller gerichtsorganisatorischen Mittel und Möglichkeiten nicht mehr innerhalb angemessener Fristen bewältigen lässt. Die Überlastung eines Gerichts fällt [...] in den Verantwortungsbereich der staatlich verfassten Gemeinschaft. Dem Beschuldigten darf nicht zugemutet werden, eine längere als die verfahrensangemessene Aufrechterhaltung des Haftbefehls nur deshalb in Kauf zu nehmen, weil der Staat es versäumt, seiner Pflicht zur verfassungsgemäßen Ausstattung der Gerichte zu genügen."[53]

## II. Haushaltsbelastungen durch originäre grundrechtliche Ansprüche

Über die Pflicht zum Aufbau einer rechtsstaatlichen Infrastruktur hinaus räumen einzelne Grundrechte den Berechtigten bestimmte inhaltliche Schutzgarantien ein oder verlangen vom Staat die Übernahme von Gewährleistungen. In welcher Form auch immer die staatliche Handlung geschuldet sein mag[54] – entsprechende Leistungsansprüche binden Mittel, die durch den Haushaltsplan zur Verfügung gestellt werden müssen. Trotz einer insgesamt restriktiven Handhabung ist in Rechtsprechung und Lehre anerkannt, dass sich aus einer Reihe von Grundrechtsnormen derart (originäre) Leistungsansprüche des Einzelnen gegen den Gesetzgeber herleiten lassen, die für den Genuss „realer" Freiheit unabdingbar sind. Fundamental setzt das Grundrecht auf Gewährleistung eines menschenwürdigen Existenzminimums an, das in Art. 1 Abs. 1 GG in

---

Ziel des § 354a StPO, das Strafverfahrensrecht durch Erweiterung der Entscheidungsbefugnisse des Revisionsgerichts prozessökonomischer und ressourcenschonender zu gestalten, grundsätzlich gebilligt wird.

[53] BVerfG, 2 BvR 1457/14 vom 30.7.2014, Rn. 23. Vgl. auch die apodiktischen Bemerkungen der 3. Kammer des Zweiten Senats in BVerfG, 2 BvR 2248/13, 2 BvR 2301/13 vom 22. Januar 2014, Rn. 47. Ähnlich deutlich bereits BVerfGE 36, 264 (275), dazu unten Fn. 89.

[54] Zu den unterschiedlichen Wirkungen grundrechtlicher Handlungsgebote *Bumke*, Grundrechtsvorbehalt, 1998, S. 69 ff.

Verbindung mit dem Sozialstaatsprinzip des Art. 20 Abs. 1 GG verortet wird.[55] Da nur durch entsprechende finanzielle Transfers wirkliche „Teilhabe" an der Gesellschaft und damit an den in der Verfassungsordnung gewährten Rechten möglich ist, werden staatliche Leistungen zur grundrechtlich gebotenen Pflicht. Die für Sozialausgaben vorgesehenen Haushaltstitel werden damit im gewissen Umfang konstitutionalisiert und der Dispositionshoheit des Parlaments entzogen.[56] Auch jenseits der Pflicht zur Gewähr des Existenzminimums werden aus Grundrechten gesetzgeberische Leistungspflichten hergeleitet, deren Implementierung regelmäßig mit finanzwirksamen Belastungen einhergeht.[57]

Die Rechtsprechung beschränkt sich dabei allerdings auf die Sicherung von Mindestpositionen, versucht, eine konkrete Bezifferung des geschuldeten Leistungsinhalts möglichst zu vermeiden, verweist allgemein auf die Konkretisierungs- und Aktualisierungsspielräume des demokratischen Gesetzgebers und „prozeduralisiert" die Kontrolle.[58] Eine übergreifende dogmatische Linie ist in der Entscheidungspraxis nur schwer auszumachen. Begriffe und Argumentationsfiguren wie die Unterscheidungen von konkreten subjektiven „Ansprüchen", (bloßen) „Fördergeboten"[59] und „objektiven" Pflich-

---

[55] Zur Gewährleistung eines menschenwürdigen Existenzminimums BVerfGE 125, 175 (222 ff.) – *Hartz IV*; 132, 134 (159 ff.), Rn. 62 ff. – *Asylbewerberleistungsgesetz* (insbes. zur menschenrechtlichen Dimension). Zur steuerrechtlichen „Kehrseite" des Schutzes des Existenzminimums, dem subjektiven Nettoprinzip, siehe BVerfGE 124, 282 (294) – *Kindergeldanrechnung*.

[56] Zu den Grenzen einer sinnvollen Konstitutionalisierung von Verteilungsfragen siehe nur *Schuppert/Bumke*, Konstitutionalisierung der Rechtsordnung, 2000, S. 65 ff.; sowie *Poscher*, Grundrechte als Abwehrrechte, 2003, S. 131, 197.

[57] Für eine Aufzählung siehe *Sachs*, § 67: Leistungsrechte, in: Stern, Das Staatsrecht der Bundesrepublik Deutschland, Bd. III/1, 1988, S. 706 ff.; *Borowski*, Grundrechte als Prinzipien, ²2007, S. 346 ff. Funktional äquivalent hierzu operiert die „Petrifizierung" (*Isensee*, Budgetrecht, JZ 2005, S. 971 (977)) großer Teile des Budgets des Staates und der Sozialkassen durch die Ausdehnung des Schutzbereiches von Art. 14 Abs. 1 GG auf Renten und Anwartschaften aus bestimmten gesetzlichen Versicherungen. Auch hier werden Leistungsansprüche konstitutionalisiert; da der Schutz hier jedoch an vorangegangene Eigenleistungen des Grundrechtsberechtigten anknüpft, realisiert sich der verfassungsrechtliche Schutz allein in der Verhinderung von Leistungskürzungen. Dazu näher unter B. IV.

[58] Vgl. nur ausführlich BVerfGE 125, 175 (223 ff.) – *Hartz IV*; 132, 134 (160 ff.), Rn. 66 ff. – *Asylbewerberleistungsgesetz*; zur gesetzgeberischen Pflicht, ein geeignetes Verfahren zur Feststellung der Vaterschaft bereitzustellen, siehe BVerfGE 117, 202 (227 ff.) – *Vaterschaftsfeststellung*. Zur Prozeduralisierung von Leistungsansprüchen ausführlich *Ortmann*, Finanzwirksamkeit, 2007, S. 518 ff., 544 ff., 571 ff., sowie oben unter Fn. 48, sowie unten unter D. II.

[59] Die Unterscheidung von „Anspruch" und „Förderungsgebot" betont das Gericht insbesondere für Art. 6 Abs. 1 GG. Vgl. etwa deutlich BVerfGE 127, 263 (278) – *Haftungsprivilegierung Elternteil*: „Konkrete Ansprüche auf bestimmte staatliche Leistungen lassen sich aus dem Förderungsgebot des Art. 6 Abs. 1 GG aber nicht herleiten". Analog BVerfGE 130, 240 (252) – *Bayerisches Landeserziehungsgeldgesetz*, wo eine spezifische Förder- und Schutzpflicht im Rahmen von Art. 6 Abs. 1 GG von einer (weniger weitgehenden) „allgemeinen grund-

ten[60], von „Leistung“ und „Teilhabe“[61], sowie von bestimmteren Leistungspflichten, offeneren Pflichten zur Ausgestaltung von Organisation[62] und Ver-

---

rechtlichen Schutzpflicht“, aber auch von weitergehenden „Ansprüchen“ unterschieden wird. Vgl. auch BVerfGE 117, 316 (329f.) – *Künstliche Befruchtung für Verheiratete.* Aus der älteren Rechtsprechung zu Art. 6 Abs. 1, 4 und 5 GG siehe insoweit nur BVerfGE 87, 1 (34) – *Trümmerfrauen*; 97, 332 (349) – *Kindergartenbeiträge*, sowie die Hinweise bei *Brosius-Gersdorf*, in: Dreier (Hrsg.), Grundgesetz, Bd. I, ³2013, Art. 6 Rn. 221f., 229f.

[60] Zur Unterscheidung von Ansprüchen (konkret: einem allgemeinen Wiedergutmachungsanspruch) und einer „objektiven“ Pflicht aus dem Sozialstaatsgebot, deren Befolgung dann allein am Maßstab von Art. 3 Abs. 1 GG kontrolliert wird, siehe nur BVerfGE 102, 254 – *EALG.* Auch der ergänzende Verweis auf das „objektive“ Sozialstaatsprinzip, etwa in der Begründung des Anspruchs auf Gewährleistung eines menschenwürdigen Existenzminimums (BVerfGE 132, 134 (159), Rn. 62 – *Asylbewerberleistungsgesetz*) soll wohl ein Moment richterlicher Zurückhaltung zum Ausdruck bringen. Zur Verbindung von Leistungsrechten und Sozialstaatsprinzip vgl. nur den Überblick bei *Rüfner*, Leistungsrechte, in: HGR II, 2006, § 40 Rn. 19ff. Analog wirken Entscheidungen, in denen der Gesetzgeber verpflichtet wird, Ansprüche, die einer bestimmten Gruppe gewährt werden, auch Dritten zu gewähren, da das gewählte Differenzierungskriterium gegen Art. 3 Abs. 1 GG ggf. in Verbindung mit Freiheitsgrundrechten verstößt, vgl. nur BVerfGE 102, 41; 102, 68 – *Krankenversicherung der Rentner*; 102, 127 – *Lohnersatzleistungen*; 103, 225 – *Pflegeversicherung II.* Hinter derartigen „derivativen“ Teilhabe- oder Leistungsansprüchen steht letztlich das Verbot einer gleichheitswidrigen Differenzierung bei Leistungen oder Sparmaßnahmen (dazu unten Fn. 108, sowie *Sachs*, § 67: Leistungsrechte, in: Stern, Das Staatsrecht der Bundesrepublik Deutschland, Bd. III/1, 1988, S. 749f.; *Ortmann*, Finanzwirksamkeit, 2007, S. 575ff.).

[61] Siehe zu dem aus Art. 1 Abs. 1 GG abgeleiteten Anspruch auf „Teilhabe“ die soeben in Fn. 58 angeführten Fälle. Vgl. weiter auch BVerfGE 123, 148 (178) – *Jüdische Gemeinde Brandenburg*, wonach sich aus Art. 4 Abs. 1 GG „keine Ansprüche auf bestimmte staatliche Leistungen“ ableiten lassen, aber Art. 4 GG die „Teilhabe“ an etwaigen staatlichen Leistungen verbürgt; sowie BVerfGE 134, 1 (14), Rn. 37 – *Landeskinderregelung bei Studiengebühren*, für das „Teilhaberecht auf Zulassung zum Hochschulstudium“ (im Anschluss an BVerfGE 33, 303 – *Numerus Clausus I*). Die Grenze derartiger „originärer“ Teilhabeansprüche zu den in Fn. 60 beschriebenen „derivativen“ Teilhabeansprüchen ist nicht immer scharf auszumachen.

[62] Zur Pflicht des Staates aus Art. 5 Abs. 3 GG, Bildung und Wissenschaft an den staatlichen Universitäten zu organisieren und dafür auch entsprechende Mittel bereitzustellen, vgl. BVerfGE 122, 89 (107, 110) – *Wissenschaftsfreiheit in der Theologie*, im Anschluss an die bereits in BVerfGE 35, 79 (115), anerkannte Pflicht, den Wissenschaftsbetrieb „durch Bereitstellung von personellen, finanziellen und organisatorischen Mitteln zu ermöglichen und zu fördern“. Zum Anspruch des Hochschullehrers aus Art. 5 Abs. 3 GG auf eine Mindestausstattung siehe BVerfGE 127, 87 (125) – *Hamburgisches Hochschulgesetz*, sowie die Nachweise bei *Britz*, in: Dreier (Hrsg.), Grundgesetz, Bd. I, ³2013, Art. 5 III (Wissenschaft) Rn. 84. Für Art. 4 Abs. 1 GG siehe BVerfGE 123, 148 (178) – *Jüdische Gemeinde Brandenburg.* In diese Richtung wohl schon auch BVerfGE 39, 1 (44) – *Schwangerschaftsabbruch I*, zur Pflicht des Staates zum Einsatz von „sozialpolitischen und fürsorgerischen Mitteln“ zur Sicherung des werdenden Lebens.

[63] Hierzu für das Recht des rechtlichen Vaters auf Kenntnis der Abstammung seines Kindes von ihm aus Art. 2 Abs. 1 i. V. m. Art. 1 Abs. 1 GG: BVerfGE 117, 202 – *Vaterschaftsfeststellung*; für das Elternrecht des Vaters unter Bezugnahme auf das „Wächteramt“ des Staates aus Art. 6 Abs. 2 Satz 2 GG siehe BVerfGE 127, 132 (146, 152). Analog für das Recht des Kindes auf Pflege und Erziehung durch seine Eltern aus Art. 6 Abs. 2 Satz 1 GG siehe BVerfGE 121, 69 (94f., 107); bzw. auf staatliche Gewährleistung elterlicher Pflege und Erziehung BVerfGE 133,

fahren[31], bezifferbaren Finanzierungspflichten[64] und äußerst vielfältigen Schutzpflichten[65] – all diese Kategorien signalisieren eine gewaltenteilungs-

---

59 (73 f.), Rn. 40 ff. – *Sukzessivadoption*. Vgl. BVerfGE 128, 1 (54 f.) – *Gentechnikgesetz*, zur grundsätzlichen Pflicht des Staates, zum Schutz von Eigentums-, Berufs- und Forschungsfreiheit sowie der informationellen Selbstbestimmung Verfahren einzurichten. Vgl. ferner die an den Ausschluss des § 415 BGB durch § 14 Abs. 1 Satz 4 VAG anknüpfenden, aus Art. 2 Abs. 1 und Art. 14 Abs. 1 GG abgeleiteten Anforderungen an das (versicherungs-)aufsichtsbehördliche Verfahren in BVerfGE 114, 1 (33 ff.) – *Übertragung von Lebensversicherungsverträgen*.

[64] Zu der aus Art. 5 Abs. 1 S. 2 GG abgeleiteten Pflicht zur „funktionsgerechten Finanzierung" der öffentlichrechtlichen Rundfunkanstalten siehe BVerfGE 119, 181 (218 f.) – *Rundfunkfinanzierungsstaatsvertrag*; sowie zuvor schon BVerfGE 87, 181 (198 ff.) – *7. Rundfunkurteil*; 90, 60 (90 ff.) – *8. Rundfunkurteil*. Vgl. auch BVerfGE 114, 371 (389) – *Landesmediengesetz Bayern*, zur Pflicht des Gesetzgebers, auch unter Einsatz finanzieller Ressourcen zur Pluralität der Rundfunkordnung beizutragen. Schwer einzuordnen ist die aus Art. 12 Abs. 1 GG abgeleitete Ausfallvergütungspflicht in BVerfGE 101, 331 – *Regelung der Vergütung von Berufsbetreuern*.

[65] Die Unterscheidung von allgemeineren Schutzpflichten und konkreteren Finanzierungspflichten oder Ansprüchen ist allerdings nicht stabil. In den terminologischen Unsicherheiten wirkt wohl noch die seit längerer Zeit entschiedene Diskussion um die Subjektivierbarkeit von Schutzpflichten nach (dazu nur *Bumke/Voßkuhle*, Casebook, $^{6}$2013 Rn. 201 ff.). So unterscheidet das Bundesverfassungsgericht finanzwirksame Finanzierungs- von „bloßen" Schutzpflichten etwa für Art. 6 GG (siehe die Nachweise oben Fn. 59) und für Art. 7 Abs. 4 Satz 1 GG (BVerfGE 112, 74 (84) – *Privatschulfinanzierung II*, mit einer gegenüber BVerfGE 75, 40 ff. – *Privatschulfinanzierung I*, restriktiveren Haltung; dazu bereits mit allgemein für Leistungsrechte relevanten Überlegungen *Müller/Pieroth/Fohmann*, Leistungsrechte im Normbereich einer Freiheitsgarantie, 1982, S. 123 ff.; weiter *Borowski*, Grundrechte als Prinzipien, $^{2}$2007, S. 226; *Denninger*, Staatliche Hilfe, HStR IX, $^{3}$2011, § 193 Rn. 86 ff.). Analog bzgl. Art. 12 Abs. 1 GG die charakteristische Formulierung in BVerfGE 128, 157 (177) – *Widerspruchsrecht der Arbeitnehmer bei gesetzlichem Arbeitgeberwechsel*, wonach Art. 12 Abs. 1 GG „lediglich eine Schutzpflicht", aber keinen konkreten Anspruch normiert, weshalb das vom Gesetzgeber in § 613a BGB vorgesehene Kündigungsrecht verfassungsrechtlich ausreichend sei. Die Finanzwirksamkeit von Entscheidungen, die in diesem Sinne „bloße" Schutzpflichten konstruieren, beschränkt sich damit auf die oben bereits diskutierten (B. I.) rechtsstaatlichen Infrastrukturkosten, ganz entsprechend den Kosten von Entscheidungen, die die Pflicht zur Ausgestaltung des Schutzes des allgemeinen Persönlichkeitsrechts (vgl. BVerfGE 119, 1 (24 ff.) – *Esra*), der Privatautonomie (vgl. BVerfGE 103, 89 (105 ff.) – *Ehevertrag*) oder der Eigentumsordnung (vgl. BVerfGE 114, 1 (42 ff.) – *Übertragung von Lebensversicherungsverträgen*) zum Gegenstand haben (zur „Ausgestaltung" näher *Bumke*, Ausgestaltung von Grundrechten, 2009).

Andere Entscheidungen, die auf „Schutzpflichten" Bezug nehmen, begründen jedoch in einem weitergehenden Sinne finanzwirksame Ansprüche und gleichen damit den „Finanzierungspflichten". So werden Investitionen in die rechtsstaatliche Infrastruktur regelmäßig nicht ausreichen, um den Einzelnen vor „rechtswidrigen An- und Eingriffen von Seiten Dritter" zu bewahren (zur Formulierung BVerfGE 115, 118 (152) – *Luftsicherheitsgesetz I*, mit weiteren Verweisen auf die Rechtsprechung). Auch aus der mit Art. 2 Abs. 2 Satz 1 GG verbundenen Schutzpflicht konstruiert die Rechtsprechung finanzwirksame Leistungsansprüche, wobei die genaue Einordnung oft schwierig ist. So steht zwar nach BVerfGE 115, 25 (44 f.) – *Gesetzliche Krankenversicherung* („Nikolausbeschluss"), dem Einzelnen „regelmäßig kein verfassungsrechtlicher Anspruch gegen die Krankenkassen auf Bereitstellung bestimmter

theoretisch begründete Zurückhaltung und versuchen in unterschiedlichem Ausmaß Räume für die politische Gestaltung offenzuhalten.[66] Das Maß der verfassungsrechtlichen Konkretisierung und vor allem die Dichte, mit der etwaige Pflichtverstöße gerichtlich kontrolliert werden, werden durch die genannten Begriffe allerdings vergleichsweise unpräzise gesteuert. Um eine Überkonstitutionalisierung der erfassten Rechtsbereiche zu verhindern, verweisen sie eher ungefähr auf die Möglichkeiten einer grundrechtsspezifisch abgestuften Kontrolle.

## III. Die Kosten der Verhältnismäßigkeit

Über die bislang angeführten Fälle hinaus verursachen auch solche Entscheidungen Kosten, die staatliches Eingriffshandeln von teuren „Auflagen" abhängig machen, um so die Verhältnismäßigkeit des Eingriffs zu wahren. Das Bundesverfassungsgericht erkennt nämlich nicht nur „originär" finanzwirksame

---

und insbesondere spezieller Gesundheitsleistungen", wohl aber ein Anspruch auf „Mindestversorgung" (ebd., S. 49) zu. Darüber hinaus wird anerkannt, dass die Schutzpflicht zur „grundrechtsorientierten Auslegung" des Krankenversicherungsrechts verpflichte, auf dessen Grundlage der Versicherte in Sonderfällen sonst nicht vom Leistungsspektrum gedeckte Therapien erstattet bekommen müsse. Offen bleibt hier allerdings, ob die Schutzpflicht auch dann einen Anspruch begründen würde, wenn der Gesetzgeber diesen explizit ausgeschlossen hätte, ob also ein verfassungsrechtlich *originärer* Anspruch gewährt oder nur der Ausschluss bestimmter Leistungen untersagt – bzw. gegebenenfalls ein derivativer Anspruch zugesprochen – wird (mit der Normierung des § 2 Abs. 1 a SGB V hat sich diese Frage für die Praxis erledigt). Insofern weist die Fallentscheidung Parallelen zu der unten (B. III. 3.) diskutierten Konstellation aus (dazu näher Fn. 92). Aus der an BVerfGE 115, 25, anschließenden Rechtsprechungslinie vgl. nur BVerfG, 1 BvR 2045/12 vom 26. Februar 2013, sowie die umfassende Dokumentation unter www.nikolaus-beschluss.de, sowie bei *Münkler*, Kosten-Nutzen-Bewertungen, 2015, S. 247 ff. (ebd. S. 264 ff. auch instruktiv zur dogmatischen Kritik von E 115, 25). Zur Finanzwirksamkeit sonstiger Schutzpflichten näher *Cremer*, Freiheitsgrundrechte, 2003, S. 316 ff.; *Ortmann*, Finanzwirksamkeit, 2007, S. 105 ff. Dass das Bundesverfassungsgericht bei der Frage, ob Schutzpflichten eine gesetzliche Mediatisierung voraussetzen, schwankt, findet sich auch in anderen Konstellationen, vgl. die Darstellung bei *Vosgerau*, Zur Kollision von Grundrechtsfunktionen, AöR 133 (2008), S. 346 (352 ff.).

Wiederum anders, nämlich ganz ohne ausdrückliche Bezugnahme auf das Konzept der Schutzpflicht erkennt das Bundesverfassungsgericht in der sachlich parallel zu BVerfGE 115, 25, gelagerten Konstellation für Gefangene an, dass deren Anspruch auf Krankenbehandlung aus Art. 2 Abs. 2 Abs. 1 GG, der durch § 58 StVollzG konkretisiert wird, mit ausreichenden sachlichen, personellen oder finanziellen Mitteln erfüllt werden muss (vgl. nur BVerfG, 2 BvR 683/11 vom 15. November 2012, juris OS 1) und alle die medizinischen Maßnahmen abdeckt, die wenigstens gewisse Erfolgsaussichten bieten (BVerfG, 2 BvR 2267/95 vom 14. August 1996, Rn. 24 = NStZ 1996, 614). Wegen des vorangegangenen Grundrechtseingriffs ist jedoch auch hier eine klare Abgrenzung von der unten in B. III. 3. diskutierten Konstellation schwierig.

[66] Hierzu näher unter D. II.

grundrechtliche Pflichten des Gesetzgebers an – Pflichten also, auf deren Erfüllung der Einzelne unabhängig von einem vorangegangenen Grundrechtseingriff einen Anspruch hat. Vielmehr reagiert die Mehrzahl der finanzwirksamen Entscheidungen situativ auf Grundrechtseingriffe und statuiert keine „originären", sondern „bedingte" oder „freiheitsakzessorische" Leistungspflichten des Gesetzgebers, die rechtstechnisch an einen Unterlassungsanspruch und grundrechtsdogmatisch an das Konzept des Abwehrrechts anknüpfen. So wird eine Eingriffsregelung, die punktuell unzumutbare Härten verursacht, gegebenenfalls dann nicht als unverhältnismäßig verworfen, wenn finanzwirksame Auflagen den Eingriff auf ein (noch) angemessenes Maß abmildern können.[67] Paradigmatisch zeigt sich dieser Mechanismus in der Pflichtexemplar-Entscheidung. Zunächst billigt das Gericht die vom Gesetzgeber vorgesehene entschädigungslose Ablieferungspflicht dem Grunde nach und erkennt an, dass die „unentgeltliche Abgabe eines Belegexemplars je Druckwerk eine zumutbare, den Verleger nicht übermäßig und einseitig treffende Belastung" darstelle.[68] Dann jedoch ergänzt es, dass bei „wertvollen Druckwerken mit niedriger Auflage eine kostenlose Pflichtablieferung die Grenzen verhältnismäßiger und noch zumutbarer inhaltlicher Festlegung des Verlegereigentums" überschreite[69]. Statt das Gesetz im Ganzen zu verwerfen wird der Gesetzgeber nun zur Einrichtung eines Verfahrens verpflichtet, das die Möglichkeit der Kostenerstattung in Ausnahmefällen schafft. Im Rahmen dieser in der Literatur jenseits von Art. 14 GG bislang vergleichsweise selten beachteten Leistungsdimension des Verhältnismäßigkeitsgrundsatzes lassen sich drei Fallgruppen unterscheiden.

### 1. *Pflichten zur prozeduralen und organisatorischen Absicherung von Grundrechtseingriffen*

Den Staatshaushalt belasten zunächst Judikate, die den Gesetzgeber positiv verpflichten, Grundrechtseingriffe freiheitsfördernd durch die Ausgestaltung von Verfahren und Organisation abzufedern. So statuieren nur wenige Normen wie etwa Art. 13 Abs. 3 und 4 GG ausdrückliche Verfahrensgebote und verpflichten den Gesetzgeber damit kategorisch, also nicht unter dem Vorbehalt der Verhältnismäßigkeit, die zur Ausübung grundrechtlicher Freiheiten erforderliche Organisation und entsprechende Verfahren bereitzustellen.[70] Das Bundesver-

---

[67] Zur Qualität der Unterscheidung von „originären" und „bedingten" Pflichten näher unter D. I. 1.

[68] BVerfGE 58, 137 (149) – *Pflichtexemplar.*

[69] BVerfGE 58, 137 (150) – *Pflichtexemplar.*

[70] Hierzu soeben unter B. I. Zur Schwierigkeit, derartige verfahrensrechtliche Schutzmaßnahmen in der Grundrechtsdogmatik präzise zu verorten, vgl. bereits oben Fn. 48.

fassungsgericht orientiert sich jedoch an diesen Regelungen, wenn es für Eingriffe in andere Grundrechte, die keine entsprechenden ausdrücklich normierten Vorgaben enthalten, eben aus Gründen der Verhältnismäßigkeit im Einzelfall analog gelagerte (bedingte) Absicherungen fordert.

In diesem Sinne werden etwa für Art. 2 Abs. 2 Satz 1 GG „spezielle verfahrensmäßige Sicherungen" gegen situationsbedingte Grundrechtsgefährdungen gefordert.[71] Prominent hat der zweite Senat für die Sicherungsverwahrung betont, dass die angegriffenen Maßnahmen „die Grenzen der Zumutbarkeit" wahren müssten und die Freiheitsgrundrechte der Betroffenen dafür „sowohl auf der Ebene des Verfahrensrechts als auch materiellrechtlich abzusichern" seien.[72] In mehreren Fällen der jüngeren Zeit hat das Gericht ganz parallel ungeschriebene Richtervorbehalte für polizeiliche und staatsanwaltliche Eingriffsmaßnahmen[73] oder eine verfahrensmäßige Sicherung zum Schutz des Kernbereichs privater Lebensgestaltung verlangt[74].[75] Alle diese Pflichten verursachen Mehrkosten, die – etwa im Fall des richterlichen Bereitschaftsdienstes – erheblichen Umfang annehmen können.

---

[71] BVerfGE 128, 282 (315) – *Zwangsbehandlung im Maßregelvollzug I.*

[72] BVerfGE 128, 326 (373) – *Sicherungsverwahrung II.* So müssen den Betroffenen etwa effektive Rechtsschutzmöglichkeiten eröffnet werden; auch haben sie einen Anspruch auf mindestens jährliche Überprüfung der Fortdauer der Unterbringung (ebd., 381 f.). Vgl. auch BVerfGE 129, 37 (46 f.); 131, 268 (285 f., 291) – *Vorbehaltene Sicherungsverwahrung*, sowie bereits für die Unterbringung in einem psychiatrischen Krankenhaus BVerfGE 70, 297 (310, 315 f.) – *Unterbringung.* Ähnlich wirkt das aus dem Verhältnismäßigkeitsprinzip abgeleitete Gebot zur effektiven oder auch „bestmöglichen" Sachaufklärung, das bis hin zur Pflicht zur Einholung externer Sachverständigengutachten konkretisiert werden kann, und auf das das Bundesverfassungsgericht verschiedentlich Bezug nimmt, etwa bei der Vollstreckung von Strafen und Maßregeln (vgl. nur BVerfGK 15, 287 (294 ff.); 19, 137 (139) m. w. N.) – umfassend dazu jüngst *Jahn*, Das verfassungsrechtliche Gebot bestmöglicher Sachaufklärung im Strafverfahren, Goltdammer's Archiv für Strafrecht 161 (2014), S. 588 ff. Siehe zur parallelen Konstruktion im Sondervotum zu BVerfGE 108, 129 (145 ff.), schon oben Fn. 48.

[73] Vgl. insbes. BVerfGE 125, 260 (337 ff.) – *Vorratsdatenspeicherung.* Siehe auch BVerfGE 103, 21 (34) – *Genetischer Fingerabdruck I*; 103, 142 (152 f.) – *Wohnungsdurchsuchung*; 107, 299 (325) – *TKÜ*; 112, 304 (318f.) – *GPS*; 120, 274 (331 f.) – *Online-Durchsuchungen.* Für die Zwangsbehandlung im Maßregelvollzug vgl. BVerfGE 128, 282 (311 ff., 316) – *Zwangsbehandlung I*; 129, 269 (283) – *Zwangsbehandlung II*; 133, 112 (141), Rn. 71 – *Zwangsbehandlung III.* Zu den Grenzen dieses Konzepts BVerfGE 129, 208 (249) – *TKÜ-Neuregelung.* Ausführlich zu allen hiermit verbundenen Problemen *Voßkuhle*, Präventive Richtervorbehalte, in: HGR V, 2013, § 131.

[74] BVerfGE 113, 348 (390 ff.) – *Vorbeugende Telekommunikationsüberwachung*; 120, 274 (LS 3) – *Online-Durchsuchungen*; zu Grenzen des Konzepts vgl. BVerfGE 129, 208 (245, 247, 249) – *TKÜ-Neuregelung.*

[75] Weitergehende Pflichten im Bezug auf die Gestaltung des Verfahrens bei sogenannten „additiven Grundrechtseingriffen" statuiert BVerfGE 112, 304 (319 f.) – *GPS.* Siehe auch BVerfGE 118, 168 (201 f.) – *Kontostammdaten.*

## 2. *(Kompensatorische) Leistungspflichten*

Wo Organisations- und Verfahrensregelungen zur Sicherung des Eingriffsvorgangs allein keine hinreichende Abmilderung versprechen, wird der Gesetzgeber zusätzlich oder alternativ dazu verpflichtet, dem Grundrechtsberechtigten bestimmte sonstige Leistungen zu erbringen, um Nachteile in Härtefällen auszugleichen. Hierzu zählt auch, wenn dem Gesetzgeber aufgegeben wird, unter Wahrnehmung seines Gestaltungsspielraums ein Verfahren zu schaffen, in dem diese Härtefälle näher definiert werden.[76] Das hier zugrundeliegende Prinzip weist mit dem Kompensationsgedanken eine gedankliche Nähe zum Staatshaftungsrecht auf; wohl auch deswegen lässt sich seine Funktionsweise besonders einfach am bereits erwähnten Fall der ausgleichspflichtigen Inhalts- und Schrankenbestimmungen nachvollziehen. So erörtert das Bundesverfassungsgericht in der Entscheidung zum Denkmalschutzgesetz Rheinland-Pfalz die Möglichkeit des Gesetzgebers „durch kompensatorische Vorkehrungen unverhältnismäßige oder gleichheitswidrige Belastungen des Eigentümers" und damit das Verdikt der Verfassungswidrigkeit zu vermeiden.[77]

Das Gericht betont dabei aber zu Recht, dass diese Pflicht zur Kompensation, die mit Rücksicht auf das parlamentarische Budgetrecht eben der Gesetzesform bedürfe, dem Staat keineswegs ermöglichen solle, sich von der Grundrechtsbindung „freizukaufen". Vielmehr müssen „Normen, die Inhalt und Schranken des Eigentums bestimmen, [...] grundsätzlich auch ohne Ausgleichsregelungen die Substanz des Eigentums wahren und dem Gleichheitsgebot entsprechen".[78] Obwohl „Übergangsregelungen, Ausnahme- und Befreiungsvorschriften sowie der Einsatz sonstiger administrativer und technischer Vorkehrungen" – also die im vorangegangenen Abschnitt diskutierten Regelungstypen – grundsätzlich Priorität haben, bedürfe es im Einzelfall auch einer finanziellen Entschädigungsregel, um die Verhältnismäßigkeit der Eingriffsnorm im Wege des sekundären Rechtsschutzes zu sichern.[79]

Auch außerhalb des Eigentumsschutzes und der speziellen Regelung des Art. 14 Abs. 3 Satz 2 GG[80] können solche Leistungspflichten zur Abwehr sonst übermäßiger Eingriffe unter bestimmten, von der Rechtsprechung restriktiv

---

[76] Gerade die Entscheidung BVerfGE 58, 137 (149 ff.) – *Pflichtexemplar*, zeigt, wie die konkrete Ausgestaltung an den Gesetzgeber redelegiert werden kann, soweit fiskalische Leistungen betroffen sind; dazu sogleich.

[77] BVerfGE 100, 226 (244) – *Denkmalschutz*.

[78] BVerfGE 100, 226 (244) – *Denkmalschutz*.

[79] BVerfGE 100, 226 (245) – *Denkmalschutz*. Noch deutlicher ist die Rechtsprechung zur Relevanz der Entschädigungsregelung für die Verhältnismäßigkeit der Enteignung nach Art. 14 Abs. 3 GG, vgl. nur jüngst BVerfGE 134, 242 (298), Rn. 187 – *Garzweiler*.

[80] Vgl. dazu und zu sonstigen auf diesem Vorbild aufbauenden entschädigungsrechtlichen Kompensationslösungen ausführlich *Voßkuhle*, Kompensationsprinzip, 1999, S. 257 ff., 361 ff.

gehandhabten Voraussetzungen notwendig werden[81].[82] So begründet das Bundesverfassungsgericht in den Entscheidungen zur Sicherungsverwahrung das „Abstandsgebot" damit, dass Art. 2 Abs. 2 Satz 2 GG nur durch strenge Anforderungen an die Ausgestaltung des Vollzugs genügt werden könne.[83] Den Untergebrachten werden damit zu Lasten des Haushalts Ansprüche auf intensive „psychiatrische, psycho- oder sozialtherapeutische Behandlungen" und ein „individuell zugeschnittenes Therapieangebot" durch ein „multidisziplinäres Team qualifizierter Fachkräfte" eingeräumt; ferner wird „eine vom Strafvollzug getrennte Unterbringung in besonderen Gebäuden oder Abteilungen" angeordnet.[84] Ähnliche Anforderungen charakterisierten bereits den verfassungsrechtlich gebotenen allgemeinen „Resozialisierungsauftrag".[85] In diesen Fällen handelt es sich allerdings gleichfalls nicht um kompensatorische Ansprüche im Sinne eines „Zwangstausches Geld gegen Freiheit"[86], sondern um durch den Grundrechtseingriff bedingte, auf Verhältnismäßigkeitsebene begründete primäre Leistungsansprüche, die sich im Kern auf die abwehrrechtliche Grundrechtsfunktion beziehen lassen.[87] Inwieweit hier bei Verstößen auch Entschädigungszahlungen im Wege des Sekundärrechtsschutzes durchsetzbar sein müssen, hängt vom Einzelfall ab.[88] Maßgeblich ist in jedem Fall, dass der

[81] Zur Berücksichtigung des Kompensationsprinzips auf der Angemessenheitsebene vorsichtig näher *Voßkuhle*, Kompensationsprinzip, 1999, S. 371 f.

[82] Ein Überblick über bestehende grundrechtlich radizierte Ausgleichs- und Ersatzansprüche jüngst bei *Blankenagel*, Effizienter Grundrechtsschutz, in: ders. (Hrsg.), Den Verfassungsstaat nachdenken, 2014, S. 11 (12 ff.).

[83] BVerfGE 128, 326 (372, 381 f.) – *Sicherungsverwahrung II*; vgl. auch BVerfGE 131, 268 (285 f.) – *Nachträgliche Sicherungsverwahrung*; 134, 33 (66 ff.), Rn. 82 ff. – *Therapieunterbringungsgesetz*.

[84] BVerfGE 128, 326 (378 ff.) – *Sicherungsverwahrung II*. Ähnliche, wenn auch nicht so weitgehende Forderungen schon in BVerfGE 109, 133 (166 f.) – *Sicherungsverwahrung I*. Für die lebenslange Freiheitsstrafe siehe BVerfGE 117, 71 (105 f.) – *Lebenslange Freiheitsstrafe und Strafrestaussetzung*.

[85] Dazu aus jüngerer Zeit ausführlich BVerfGE 130, 372 (390 ff.) – *Anrechnung von Maßregelvollzugszeiten*; für den Jugendstrafvollzug BVerfGE 116, 69 (85 f.); zu den erhöhten Anforderungen im Fall der lebenslangen Freiheitsstrafe BVerfGE 117, 71 (91 f., 102 f.) – *Lebenslange Freiheitsstrafe und Strafrestaussetzung*. Zuvor schon zum Resozialisierungsgebot und zur Notwendigkeit des „Behandlungsvollzugs" etwa BVerfGE 45, 187 (238) – *Lebenslange Freiheitsstrafe*; 64, 261 (272) – *Hafturlaub*; 98, 169 (200) – *Arbeitspflicht*. Näher dazu auch *Ortmann*, Finanzwirksamkeit, 2007, S. 72 ff.

[86] So prägnant *Voßkuhle*, Kompensationsprinzip, 1999, S. 282 und ff. Allein aus sich heraus ließe sich eine Regelung wie § 7 Abs. 3 StrEG, die eine Entschädigung von gerade einmal 25 Euro für jeden angefangenen Tag der Freiheitsentziehung vorsieht, wohl auch kaum rechtfertigen.

[87] Für die Möglichkeit einer derartigen abwehrrechtlichen Rekonstruktion vgl. *Poscher*, Grundrechte als Abwehrrechte, 2003, S. 394.

[88] Vgl. aber *Blankenagel*, Effizienter Grundrechtsschutz, in: ders. (Hrsg.), Den Verfassungsstaat nachdenken, 2014, S. 11 (19 f.), dazu, dass Entschädigungsregeln bislang nur für

Verhältnismäßigkeitsgrundsatz hier eine sachbezogene Leistungsdimension birgt.

### 3. *Pflichten aus der „grundrechtsorientierten" Auslegung von Eingriffsnormen: Verfassungsrechtliche Maßstäbe für den Verwaltungsvollzug*

Prozedurale und organisatorische Absicherungen sowie konkrete Leistungen sind aber nicht stets gegen einen leistungsunwilligen Sach- und Haushaltsgesetzgeber durchzusetzen. Vielmehr ist das Bundesverfassungsgericht regelmäßig damit konfrontiert, dass Verwaltung und/oder Instanzgerichte (*prima facie* ausreichende) gesetzgeberische Vorgaben aus Effizienzgründen restriktiv interpretieren. In bestimmten Fällen verlangt das Bundesverfassungsgericht, Grundrechte „nicht nur nach Maßgabe dessen, was an Verwaltungseinrichtungen üblicherweise vorhanden oder an Verwaltungsgebrauch ‚vorgegeben' ist"[89], zu gewähren.[90] Danach ist es der Verwaltung verwehrt, das vom Gesetzgeber festgelegte Niveau des Grundrechtsschutzes aus vermeintlichen Effizienzgründen zu unterschreiten. Das Vorgehen des Bundesverfassungsgerichts unterscheidet sich dabei von den vorstehend diskutierten Fallkonstellationen nur

---

Ausnahmefälle anerkannt werden, sowie ebd., S. 27 ff., das Plädoyer für einen allgemeinen geldlichen Kompensationsanspruch bei rechtswidrigen Grundrechtsbeeinträchtigungen.

[89] BVerfGE 15, 288 (296). In dieser und in zahlreichen Folgeentscheidungen hat das Bundesverfassungsgericht umfassende Vorgaben für die Ausgestaltung der Untersuchungshaft entwickelt – wohl auch, weil in diesem Bereich nachhaltige gesetzgeberische Untätigkeit zu kompensieren war. Vgl. weiter etwa BVerfGE 36, 264 (275) („Der Staat kann sich dem Untersuchungsgefangenen gegenüber nicht darauf berufen, daß er seine Gerichte nicht so ausstattet, wie es erforderlich ist, um die anstehenden Verfahren ohne vermeidbare Verzögerung abzuschließen. Es ist seine Aufgabe, im Rahmen des Zumutbaren alle Maßnahmen zu treffen, die geeignet und nötig sind, einer Überlastung der Gerichte vorzubeugen und ihr dort, wo sie eintritt, rechtzeitig abzuhelfen. Er hat die dafür erforderlichen – personellen wie sächlichen – Mittel aufzubringen, bereitzustellen und einzusetzen."); 42, 95 (100 ff.); sowie aus jüngerer Zeit etwa BVerfG, 2 BvR 1229/07 vom 10. Januar 2008 – BVerfGK 13, 163; siehe auch oben Fn. 53. Weitere Nachweise zu dieser Rechtsprechung bei *Schulze-Fielitz*, in: Dreier (Hrsg.), Grundgesetz, Bd. I, ³2013, Art. 2 II Rn. 109 f., 116.

[90] Die gleiche Funktion haben die verbreiteten gesetzliche Formulierungen, wonach Polizeiverfügungen nicht „lediglich der Erleichterung" der den Behörden obliegenden Aufsicht dienen dürfen, vgl. etwa § 20 Abs. 2 Satz 1 OBG NRW; § 56 Abs. 1 Satz 1 ASOG Berlin; § 19 Abs. 2 Satz 1 OBG Brandenburg (für Polizeiverfügungen); § 56 Abs. 1 BremPolG (für Polizeiverordnungen); § 60 Satz 2 SaarPolG (für Polizeiverordnungen); § 45 Abs. 1 POG RhPf; § 58 Abs. 4 LVwG Schl.-H. Mit solchen Regelungen bestätigt der Gesetzgeber also nur das verfassungsrechtlich ohnehin Selbstverständliche. Einen entsprechenden „bundesrechtlichen Grundsatz" formuliert bereits BVerwGE 32, 204 (206); vgl. dann aus der Rechtsprechung VGH Mannheim, NuR 1994, 487 (489); OVG Brandenburg, 4 D 89/00.NE vom 20. Juni 2002, Rn. 225; OVG Niedersachsen, 11 LC 480/07 vom 29. Januar 2009, Rn. 51; OVG Nordrhein-Westfalen, 5 A 2375/10 vom 9. Februar 2012, Rn. 49; OVG Schleswig-Holstein, 4 MB 39/12 vom 16. Mai 2012, Rn. 5.

durch das Hinzutreten von weiteren Verpflichtungsadressaten. Dadurch erhält das Problem jedoch eine gewisse Komplexität, die es rechtfertigt, diese Konstellation als eigene Fallgruppe zu diskutieren.

Rechtstechnisch statuiert das Bundesverfassungsgericht hier zunächst im Wege verfassungs- oder „grundrechtsorientierter Auslegung"[91] punktuell Mindestanforderungen, denen eine (noch) verhältnismäßige Ermächtigungsgrundlage genügen muss und denen durch den Eingriff bedingte, also „freiheitsakzessorische", finanzwirksame Ansprüche der Grundrechtsberechtigten korrespondieren.[92] Die gesetzgeberische Ermächtigungsgrundlage wird dabei nicht als unverhältnismäßig verworfen, sondern kann in der vom Gericht gewählten Auslegung noch gerechtfertigt werden. Mit dieser Auslegung ist jedoch ein Schutzniveau definiert, hinter das der Sach- und damit auch der Haushaltsgesetzgeber nur noch schwer zurückfallen kann.[93]

Gleichzeitig untersagt das Bundesverfassungsgericht nun Verwaltung und Instanzgerichten, dieses Schutzniveau durch eigenständige Effizienzerwägungen zu unterlaufen. Ihr Entscheidungsspielraum wird insoweit reduziert, ohne dass die Abwägung mit betroffenen (grundrechtlichen) Drittinteressen dadurch gänzlich ausgeschlossen wird.

Deutlich wird dieser Mechanismus im Fall des polizeilichen Notstands im Versammlungsrecht.[94] Nach mittlerweile gesicherter Rechtsprechung kann die

---

[91] Zum Begriff BVerfGE 115, 25 (45). Zur Diskussion um verfassungskonforme Auslegung vgl. nur *Voßkuhle*, Theorie und Praxis der verfassungskonformen Auslegung, AöR 125 (2000), S. 177 ff.

[92] In der Rechtsprechung lassen sich finanzwirksame Pflichten, die auf diesem Wege hergeleitet werden, nicht immer klar von den oben unter B. II. analysierten originären Leistungspflichten abgrenzen. So begründet BVerfGE 115, 25, den Erstattungsanspruch des gesetzlich Krankenversicherten für bestimmte alternative Behandlungsmethoden doppelt, nämlich einmal mit der Schutzpflicht aus Art. 2 Abs. 2 GG (dazu ausführlich oben unter Fn. 65). Daneben verpflichtet das BVerfG Instanzgerichte, Gesetzgeber, Verwaltung und Sozialkassen aber auch zur „grundrechtsorientierten Auslegung" (ebd., S. 45) des Krankenversicherungsrechts; dabei wird die Versicherungspflicht als notwendige Vorbedingung der Erstattungsregelungen als Eingriff in Art. 2 Abs. 1 GG konstruiert, der „gerechtfertigt" und damit verhältnismäßig ausgestaltet werden müsse (ebd., S. 43), was nur durch die Anerkennung eines entsprechenden Anspruchs möglich sei. Die zweite Strategie stellt also den vorangegangenen Grundrechtseingriff in den Vordergrund, an den sich „bedingt" oder „derivativ" bestimmte Pflichten im Umgang mit den Eingriffsregeln knüpfen, während die erste Strategie vom elementaren Bedürfnis des Einzelnen, aus dem heraus sich Ansprüche auf Mindestversorgung gegen den Staat ergeben, her argumentiert.

[93] Hierfür ist die gerade angeführte Rechtsprechung zur Untersuchungshaft im Anschluss an BVerfGE 15, 288, ein gutes Beispiel.

[94] Auch die kleinteilige Rechtsprechung zum Sozialrecht kennt zahlreiche gleichgelagerte Beispiele. Vgl. hierzu die Nachweise bei *Rüfner*, Leistungsrechte, in: HGR II, 2006, § 40 Rn. 66 ff. Für einen ganz anderen Bereich, das Glücksspielrecht, stellt zudem BVerfGE 115, 276 (317 f.) – *Sportwetten*, vergleichbare Überlegungen an.

Verwaltung die vom Versammlungsgesetzgeber in Konkretisierung der Verfassung getroffene Entscheidung für die Versammlungsfreiheit nicht unter Hinweis auf die dadurch betroffenen fiskalischen Interessen unterlaufen. Versammlungen können also nicht wegen des durch die Gefahrenabwehr verursachten Verwaltungsaufwandes, wie er insbesondere zur Abwehr von Gegendemonstrationen notwendig werden kann, verboten werden.[95] Verfügungen gegenüber dem Nichtstörer bleiben jedoch möglich, wenn die „Gefahr auf andere Weise nicht abgewehrt werden kann, etwa weil die Verwaltungsbehörde nicht über ausreichende eigene, eventuell durch Amts- und Vollzugshilfe zu ergänzende Mittel und Kräfte verfügt, um die gefährdeten Rechtsgüter wirksam zu schützen".[96] Rein fiskalische Gründe rechtfertigen einen Zugriff auf den Nichtstörer jedenfalls nicht; vielmehr bedarf es drohender schwerster Schäden etwa für die öffentliche Sicherheit oder die Gesundheit.

Diese verfassungsgerichtliche Rechtsprechung reduziert hier nun keineswegs ein eigentlich zu gewährleistendes („optimales") Schutzniveau oder kapituliert vor einem übergreifenden „Vorbehalt des Möglichen".[97] Ganz im Gegenteil wird der Versammlungsgesetzgeber durch eine „grundrechtsorientierte" Interpretation des Versammlungsrechts auf ein hohes Schutzniveau verpflichtet bzw. das Versammlungsrecht wird in diesem Sinne „grundrechtsorientiert" ausgelegt – andernfalls müsste die in die Rechtsstellung des Betroffenen eingreifende Regelung, etwa § 15 VersG, als unverhältnismäßig verworfen werden. Wegen der Akzessorietät des Haushaltsgesetzes liegt in der grundrechtsorientierten Auslegung ein indirekter Zugriff auf den Haushaltsgesetzgeber, dem aufgegeben wird, entsprechende Mittel zum Schutz von Versammlungen bereitzustellen.[98]

---

[95] Vgl. zur differenzierenden bundesverfassungsgerichtlichen Rechtsprechung zum polizeilichen Notstand im Versammlungsrecht nur den Überblick bei *Hong*, Versammlungsfreiheit, in: Rensen/Brink (Hrsg.), Linien der Rechtsprechung, Bd. 1, 2009, S. 155 (171).

[96] BVerfG, 1 BvR 1418/07 vom 26. Juni 2007, Rn. 15 (nahezu wortgleich bereits BVerfG, NJW 2001, S. 1411 f.; NVwZ 2006, S. 1049 f.). Analoges gilt, wenn das BVerfG für die Ausgestaltung der Untersuchungshaft davon spricht, dass die Haftanstalten sich zwar nicht auf das „Anstaltsübliche" beschränken dürften, aber eine Grenze des „Zumutbaren" bestünde (vgl. nur BVerfG 2 BvR 1229/07 vom 10. Januar 2008, Rn. 20 ff. = BVerfGK 13, 163 (166) m. w. N. zur Rechtsprechung). Die Rede von der „Zumutbarkeit" im Bezug auf den Gesetzgeber ist allerdings verfehlt, da sie insinuiert, dem Staat komme ein „subjektives Recht" auf Ressourcenschonung zu (zu dieser terminologischen Kritik bereits *Mehde*, Vorbehalt des Möglichen, 2000, S. 31 f.). Zur Problematik des Zumutbarkeitsbegriffs in diesem Zusammenhang vgl. auch unten Fn. 208.

[97] Dies verkennt *Mehde*, Vorbehalt des Möglichen, 2000, S. 18 ff.

[98] Zum Verhältnis von Sach- und Haushaltsgesetzgeber sowie zur Akzessorietät des Haushaltsgesetzes aus grundrechtlicher Sicht: *Sachs*, § 67: Leistungsrechte, in: Stern, Das Staatsrecht der Bundesrepublik Deutschland, Bd. III/1, 1988, S. 716 ff.; sowie allgemein: BVerfGE 79, 311 (328 ff.); LVerfG Brandenburg, LVerfGE 12, 119 (152) (Sondervotum); *Isensee*, Budgetrecht, JZ 2005, S. 971 (977 f.) (insbes. auch zu verbleibenden Einflussmöglichkeiten des Haus-

Ferner resultieren daraus positive Handlungspflichten der Verwaltung, die ihren Aufwand eben nicht den gesetzgeberischen Vorgaben zum Trotz und zu Lasten des Grundrechtsschutzes auf das von ihr als möglich Wahrgenommene begrenzen darf. Diesen Pflichten korrespondieren (bedingte) Ansprüche der Grundrechtsberechtigten auf Leistung. Aus den Grundrechten wird damit eine im Vergleich zur sonstigen Rechtslage überobligatorische Bindung des Versammlungsgesetzgebers und der Verwaltung abgeleitet.

„Grundrechtsorientiert" heißt also im Hinblick auf die Haushaltsautonomie des Gesetzgebers sowie das Effizienzdenken der Verwaltung: restriktiv auszulegen. Der Verwaltung wird der Rückgriff auf Effizienzerwägungen gänzlich abgeschnitten; dem Gesetzgeber wird grundsätzlich zugestanden, das Schutzniveau im Hinblick auf das ihm Mögliche zu bestimmen, doch unterliegt er dabei einer Kontrolle durch das Bundesverfassungsgericht, die sicherstellt, dass das zum Grundrechtsschutz mindestens Nötige geleistet wird.[99]

Die Beschränkung der Verpflichtung des Gesetzgebers auf den Schutz eines Mindeststandards – und korrespondierend die Bindung der Verwaltung an *diesen* Standard – entzieht gleichzeitig der umgekehrten Befürchtung die Grundlage, wonach der Verwaltung eine Durchsetzung des Grundrechts der Versammlungsfreiheit „um jeden Preis" aufgegeben sei, also im Zweifel alle Polizeitruppen eines Landes zum Schutz von Demonstrationen herbeigezogen werden müssten, da ein Mehr an Polizeischutz immer ein milderes Mittel darstelle.

Diesem verfassungsgerichtlichen Lösungsansatz würden, soweit ersichtlich, auch diejenigen nicht widersprechen, die dem Effizienzprinzip im öffentlichen Recht eine gesteigerte Bedeutung und eine umfassende rechtliche Geltung vindizieren wollen.[100] Denn auch die Orientierung an einem rechtlich bindenden

haltsgesetzgebers); *Waldhoff*, Grundzüge des Finanzrechts, HStR V, ³2007, § 116 Rn. 124, 151; *Heintzen*, Staatshaushalt, HStR V, ³2007, § 120 Rn. 18, 53 je m. w. N.; *Korioth*, Finanzen, in: GVwR III, ²2013, § 44 Rn. 31; *Kube*, Haushaltsrecht, in: Ehlers/Fehling/Pünder (Hrsg.), Besonderes Verwaltungsrecht, Bd. 3, 2013, § 66 Rn. 6. Historisch einordnend und differenzierend *Heun*, Staatshaushalt und Staatsleitung, 1989, S. 151 ff., 167 ff.

99 Problematisch erscheint vor diesem Hintergrund die Position, wonach der verwaltungsrechtliche Folgenbeseitigungsanspruch (zur grundrechtlichen Herleitung vgl. die Nachweise unten Fn. 152) dort seine Grenze findet bzw. zum Folgenentschädigungsanspruch wird, wo im Einzelfall die Erfüllung des Anspruchs für den Staat „unzumutbar" sei (BVerwG, DVBl. 1993, S. 1357 (1361 f.); zur kontroversen Diskussion *Mehde*, Vorbehalt des Möglichen, 2000, S. 20 ff.; *Ossenbühl/Cornils*, Staatshaftungsrecht, ⁶2013, S. 386 ff.). Hier wird im Unterschied zu den gerade beschriebenen Konstellationen die Einschränkung von einfach- und grundrechtlich abgesicherten Positionen allein aus Wirtschaftlichkeitsgründen betrieben. Damit liegt ein echter Systembruch vor, der sich wohl nur aus dem beklagenswerten Mangel einer gesetzgeberischen Regelung dieses Rechtsgebiets erklärt.

100 Zu den Grundsätzen von Effizienz, Wirtschaftlichkeit und Sparsamkeit und ihren verfassungs-, einfach- und europarechtlichen Verankerungen vgl. *Gröpl*, Wirtschaftlichkeit und

Effizienzprinzip kann der Verwaltung nicht die Möglichkeit an die Hand geben, unter Berufung auf das Effizienzgebot von Rechts wegen (Allokations-) Entscheidungen des Sachgesetzgebers auszuhebeln, wenn es ihr nur gelänge, die Verwaltungsgerichte davon zu überzeugen, dass die Entscheidung des Gesetzgebers unwirtschaftlich und die einfachrechtliche Regelung „ineffizient" war.[101]

---

Sparsamkeit, HStR V, ³2007, § 121 Rn. 9 ff.; sowie aus der rechtswissenschaftlichen Literatur weiter nur noch *Schmidt-Aßmann*, Ordnungsidee, ²2006, S. 246 ff.; *Ludwigs*, Unternehmenseffizienz, Die Verwaltung 46 (2013), S. 155 ff. Zur „babylonischen Verwirrung" der Debatte um das Effizienzprinzip vgl. *Martini*, Der Markt als Instrument hoheitlicher Verteilungslenkung, 2008, S. 197 ff., sowie maßgeblich bereits *Häberle*, Effizienz und Verfassung, AöR 98 (1973), S. 625 (631). Vgl. weiter auch unten E. (dort auch in Fn. 261 Nachweise zum Effizienzprinzip im Zusammenhang mit der Diskussion um „Maßstäbe" des Verwaltungshandelns).

[101] Nach herrschender Auffassung fungiert das Effizienzprinzip als systematisches Argument bei der Interpretation ohnehin „ökonomienaher" sowie „offener" Tatbestandsmerkmale oder bei der Anwendung von Ermessensnormen und der Ausfüllung von (Beurteilungs-) spielräumen, vgl. nur *Schmidt-Aßmann*, Ordnungsidee, ²2006, Kap. 6 Rn. 69; *Korioth*, Finanzen, in: GVwR III, ²2013, § 44 Rn. 31; *Lüdemann*, Ökonomisches Wirtschaftsrecht und ökonomisches Wissen, in: Augsberg (Hrsg.), Extrajuridisches Wissen im Verwaltungsrecht, 2013, S. 121 (146 f.); changierend *Gröpl*, Wirtschaftlichkeit und Sparsamkeit, HStR V, ³2007, § 121 Rn. 30 ff.; vgl. auch *Eidenmüller*, Effizienz, 1995, S. 11 und passim; *Ortmann*, Finanzwirksamkeit, 2007, S. 564 ff.; zu den damit verbundenen Herausforderungen für Verwaltung und Rechtsprechung vgl. unten die Nachweise in Fn. 253 und 254. Auch die Rechtsprechung prüft je im Einzelfall die Berücksichtigungsfähigkeit „fiskalischer Interessen", d. h. ob und unter welchen Bedingungen sich fiskalische Erwägungen gegen sonstige von Rechts wegen zu berücksichtigende Gründe durchsetzen können. Dies kann auch innerhalb eines Gesetzes von Norm zu Norm differieren. Aus dem Allgemeinen Verwaltungsrecht vgl. etwa einerseits bejahend für das öffentliche Interesse in § 48 Abs. 2 Satz 1 und § 49 Abs. 3 VwVfG: BVerwGE 83, 195 (199), 92, 81 (96); 105, 55 ff. In der Tendenz verneinend dagegen z. B. für das besondere Vollzugsinteresse gemäß § 80 Abs. 3 VwGO die Nachweise bei *Schoch*, in: Schoch/Schneider/Bier, Verwaltungsgerichtsordnung, 25. Erg. 2013, § 80 VwGO Rn. 217. Vgl. weiter für das Beamtenrecht einerseits BVerwG, 2 B 39/03 vom 26. Januar 2004, Rn. 3, wonach Anträge auf Eintritt in den Vorruhestand nicht aus „fiskalischen Erwägungen" abgelehnt werden können; sowie andererseits BVerwGE 120, 382 (385), wonach „fiskalische Interessen" einen dienstlichen Belang im Sinne des Landesbeamtenrechts darstellen, der die Möglichkeiten der Gewährung der Altersteilzeit einschränkt. Für das Aufenthaltsrecht vgl. etwa einerseits BVerwGE 130, 148 (153 f.), Rn. 20 f., wonach Wohnsitzauflagen, die gegenüber anerkannten Flüchtlingen aus rein fiskalischen Zwecken getroffen werden, rechtswidrig sind; sowie andererseits BVerwGE 122, 94 (98), wonach bei der Auslegung und Anwendung des Ausweisungsgrundes des Sozialhilfebezugs von Angehörigen fiskalische Interessen im Zentrum stehen. Nur im Planungsrecht ist die Berücksichtigungsfähigkeit finanzieller Aspekte allgemein anerkannt. Dazu nur aus der jüngeren Rspr. BVerwGE 123, 37 (44), Rn. 49; 125, 116 (268 f.), Rn. 422. Insbesondere im Strafprozessrecht und im Polizeirecht ist die Rechtsprechung dagegen trotz eines auch hier partiell zu diagnostizierenden Ökonomisierungstrends sehr zurückhaltend (dazu schon *Gusy*, Der Wandel präventiver Schutzgewährung, in: Hoffmann-Riem/Schmidt-Aßmann (Hrsg.), Effizienz, 1998, S. 175 ff; *Papier*, Der Wandel der Lehre von Ermessens- und Beurteilungsspielräumen, in: a.a.O., S. 231 (240 f.): sowie jetzt *Fratzky*, Ökonomisierung, 2013).

Vielmehr hat die Verwaltung weiterhin die Gestaltungsprärogative des demokratischen Gesetzesgebers zu beachten.[102]

## IV. Freiheitsrechtliche Grenzen der gesetzgeberischen Finanzvernunft

Die damit aufgerufene „Verwaltungs- und Finanzvernunft“[103] des Sachgesetzgebers[104] äußert sich in der Praxis in vielfältigen gesetzgeberischen Regelungsarrangements, die sich aus ökonomischer Sicht als Kostendämpfungsregeln darstellen. Hierzu zählen etwa tatbestandliche Begrenzungen von Ansprüchen[105], gesetzliche und untergesetzliche Typisierungen und Pauschalierungen[106], aber auch sonstige Regelungen, die wie die Störerhaftung im Polizeirecht der Externalisierung von Verwaltungskosten dienen[107]. Mit derartigen Regelungen operationalisiert der Gesetzgeber seine Haushaltshoheit. Ihre verfassungsrechtlichen Grenzen hat auch die „Finanzvernunft“ aber dort, wo Grundrechte betroffen sind.[108]

---

[102] Selbstverständlich kann der Gesetzgeber die Verwaltung auch zu eigenständigen Effizienzerwägungen ermächtigen. Das Spektrum entsprechender gesetzlicher und untergesetzlicher Anordnungen umfasst Regelungen, die der administrativen Entscheidungsfindung eine Kosten-Nutzen- oder Kosten-Wirksamkeits-Analyse voranstellen (allgemein zu derartigen Verfahren und ihren methodischen Schwierigkeiten nur *Fehling*, Kosten-Nutzen-Analysen, VerwArch 95 (2004), S. 443 ff.; *Hofmann*, Abwägung, 2007, S. 39 ff.; *Martini*, Kosten-Nutzen-Bewertung, GewArch Beilage WiVerw Nr. 04/2009, S. 195 ff.; *Kingreen*, Knappheit, in: VVDStRL 70 (2011), S. 154 (169 ff.); *Münkler*, Kosten-Nutzen-Bewertungen, 2015, S. 189 ff.); spezielle materielle Effizienzgebote (vgl. etwa allgemein § 7 Abs. 2 BHO, sowie spezifisch § 41 Abs. 2 BImSchG, § 97 Abs. 5 GWB, § 10 Satz 2 VwVfG; weitere Beispiele bei *Schmidt-Aßmann*, Effizienz, in: Hoffmann-Riem/Schmidt-Aßmann (Hrsg.), Effizienz, 1998, S. 245 (268); *Fehling*, Recht und außerrechtliche Maßstäbe, in: Trute/Groß et al. (Hrsg.), Allgemeines Verwaltungsrecht, 2008, S. 461 (483 f.)); sowie Normen, die in eher unspezifischer Weise dem gesetzgeberischen Streben nach Ressourcenoptimierung Ausdruck verleihen (vgl. dazu die Hinweise oben in Fn. 101). Zum umgekehrten Fall – also zum Schutz des Gesetzgebers vor den Staatshaushalt belastenden Entscheidungen von Behörden und Fachgerichten – vgl. *Ortmann*, Finanzwirksamkeit, 2007, S. 524 f.

[103] *Kirchhof*, Steuerung, NVwZ 1983, S. 505 (513).

[104] Zur Akzessorietät des Haushaltsgesetzes vgl. die Nachweise oben Fn. 98.

[105] So beschränken zahlreiche Normen die vom Gesetzgeber gewährten Ansprüche im Überforderungsfall auf das „Mögliche“, vgl. nur für das Sozialrecht *Luthe*, Optimierende Sozialgestaltung, 2001, S. 319 ff., 364 ff., 389 ff., sowie für das Subventionsrecht *Leisner*, Leistungsfähigkeit, 1998, S. 65 ff.

[106] Dazu *Mehde*, Vorbehalt des Möglichen, 2000, S. 14 f., 17, vgl. auch die Nachweise unten Fn. 109.

[107] Vgl. hierzu nur den Überblick bei *Kirchhof*, Nichtsteuerliche Abgaben, HStR V, $^{3}$2007, § 119 Rn. 34 f.

[108] Gegen Kürzungen werden auch Freiheitsrechte ins Spiel geführt – dazu sogleich. Da Kürzungen regelmäßig einen Teil der zuvor Berechtigten von der Berechtigung ausnehmen oder diesen die Ansprüche kürzen, erfolgt die verfassungsrechtliche Kontrolle der konkreten Belastungsverteilung vielfach auch am Maßstab des Art. 3 Abs. 1 GG ggf. in Verbindung mit

Freiheitsrechte können den Haushalt eben nicht nur dadurch beeinflussen, dass sie den Gesetzgeber zu – bedingten oder unbedingten – zusätzlichen Leistungen verpflichten, sondern auch indem sie Sparprogrammen oder fiskalischen Konsolidierungsmaßnahmen Grenzen setzen, also die Kürzung von verfassungsrechtlich verfestigten und damit grundrechtlich geschützten Ansprüchen verhindern. Zwar steht das Bundesverfassungsgericht einer fiskalisch verantwortlichen Politik grundsätzlich äußerst wohlwollend gegenüber, doch muss garantiert werden, dass dem Einzelnen die Möglichkeiten zur Realisierung seiner Grundrechte nicht durch eine übermäßige Sparpolitik entzogen werden.[109] Rechtstechnisch wird diese Forderung nicht mittels Leistungs-, sondern mittels Unterlassungsansprüchen durchgesetzt.[110] Da die gesetzgeberische Haushaltsautonomie als Dispositionshoheit über die Ausgabenseite des Haushaltsplans jedoch auch durch die Versteinerung von Ausgaben tangiert wird, ist diese Konstellation in die vorliegende Untersuchung einzubeziehen. Zudem weisen die Strategien, die das Bundesverfassungsgericht zum Umgang mit freiheitsrechtlich begründeten finanzwirksamen Unterlassungsansprüchen entwickelt hat, ein schon bekanntes Muster auf.

So können erstens bestehende Ansprüche dadurch pauschal der autonomen Gestaltung des Haushaltsgesetzgebers entzogen werden, dass sie als solche, also geschützt gegen Kürzungen, in den Schutzbereich des Grundrechts integriert werden. Wichtigster Fall ist insoweit die Einbeziehung der Anwartschaften aus bestimmten Sozialversicherungssystemen in den Schutzbereich von Art. 14 Abs. 1 GG.[111] Umgestaltungen bleiben hier zwar möglich, unterliegen jedoch einer hohen Rechtfertigungslast.[112]

---

weiteren Grundrechten, etwa Art. 6 Abs. 1 GG, vgl. BVerfGE 111, 160 (172) – *Kindergeld an Ausländer*; ähnlich auch BVerfGE 111, 176 (189) – *Erziehungsgeld an Ausländer*; 112, 50 (LS 2) – *Opferentschädigungsgesetz*; 130, 240 (258) – *Bayerisches Landeserziehungsgeldgesetz*. Speziell dann für Art. 6 Abs. 4 GG: BVerfGE 115, 259 – *Arbeitslosengeld und Mutterschutz*. Entsprechende Unterlassungsansprüche bilden gewissermaßen die „Kehrseite“ der derivativen Leistungs- oder Teilhaberechte (dazu oben Fn. 60).

[109] Grundsätzlich stehen dem Gesetzgeber auch hier im Rahmen von Art. 3 Abs. 1 weite Gestaltungsspielräume für Typisierungen bzw. „verwaltungsvereinfachende“, „ökonomische“, „sparsame“ oder „praktikable“ Regelungen zu, vgl. nur BVerfGE 85, 360 (377) – *Akademie-Auflösung*; 100, 195 (205) – *Einheitswert*; 103, 225 (235 f.) – *Pflegeversicherung II*; sowie BVerfG, 1 BvR 2153/08 vom 8. November 2012, Rn. 33.

[110] Zur näheren Klassifikation vgl. *Alexy*, Theorie der Grundrechte, 1994, S. 177 ff.

[111] Vgl. nur für die gesetzliche Rentenversicherung die jüngeren Entscheidungen BVerfGE 100, 1 (32 f.) – *Rentenüberleitung I*; 100, 59 (97 f.) – *Rentenüberleitung II*; 117, 272 (292) – *Beschäftigungsförderungsgesetz*; 122, 151 (180 ff.) – *Rentenkürzung für Frührentner, Pflichtbeitragszeit*; 128, 138 (147 ff.) – *Kürzung der Erwerbsminderungsrenten*; sowie grundlegend bereits BVerfGE 53, 257 – *Versorgungsausgleich I*. Anders dagegen etwa für die Arbeitslosenversicherung BVerfGE 128, 90 (101 ff.) – *Abschaffung der Arbeitslosenhilfe*.

Zweitens können finanzielle Konsolidierungsmaßnahmen punktuell korrigiert werden, also Ausgaben festgeschrieben werden, wenn Freiheitsrechte sonst unverhältnismäßig beeinträchtigt würden. Das Bundesverfassungsgericht folgt hier einer Art Je-Desto-Formel: Je intensiver sich die durch die Sparmaßnahme betroffene Tätigkeit auf den Schutzbereich eines Freiheitsrechtes auswirkt, desto weniger reicht das schlichte fiskalische Interesse aus, um die Kürzung zu rechtfertigen. Vielmehr müssen tragfähige Sachgründe bestehen, wobei fiskalische Erwägungen ergänzend hinzutreten können.[113] Die Sicherung der Stabilität eines Sozialversicherungssystems beispielsweise ist kein solch „rein" fiskalisches Interesse, sondern ein wichtiger Gemeinwohlbelang, der regelmäßig zur Rechtfertigung der Kürzung von Ansprüchen herangezogen wird.[114] Diese Art der materiellen Anreicherung und der prozeduralen Einhegung des fiskalischen Arguments, das sich durch seine potentielle Uferlosigkeit stets einer Zweck/Mittel-Relationierung zu entziehen droht[115], hat ihr Vorbild in anderen Materien, in denen bei der Kontrolle von Vorschriften zur Einnahmensteigerung oder Ausgabenkürzung subjektive Rechte und das fiskalische Interesse des Staates aufeinandertreffen.[116]

---

[112] Die finanziellen Belastungen infolge der Urteile des BVerfG zur Rentenüberleitung im 100. Band beliefen sich auf etwa 1,5 Mrd. DM, vgl. Bundestag, Entwurf eines Zweiten Gesetzes zur Änderung und Ergänzung des Anspruchs- und Anwartschaftsüberführungsgesetzes, BT-Drs 14/5640, 23. März 2001, S. 2f.

[113] Ausführlich zu den Differenzierungen zwischen „Wirtschaftlichkeitserwägungen", Maßnahmen zur Wahrung des gesamtwirtschaftlichen Gleichgewichts, „Sparpaketen" und reinen Haushaltskonsolidierungsmaßnahmen („schlichte Fiskalzwecke") *Ortmann*, Finanzwirksamkeit, 2007, S. 397ff., 415ff., 532ff., 627ff.

[114] So etwa für die gesetzliche Rentenversicherung BVerfGE 117, 272 (296f.) – *Beschäftigungsförderungsgesetz*; 122, 151 (182ff.) – *Rentenkürzung für Frührentner, Pflichtbeitragszeit*. Für die Arbeitslosenversicherung und damit verbundene soziale Sicherungssysteme BVerfGE 116, 202 (223f.) – *Tariftreueerklärung im Vergaberecht*. Für Maßnahmen zur Sicherung der Stabilität der gesetzlichen Krankenversicherung ausführlich BVerfGE 103, 172 (184f.) – *Altersgrenze für Kassenärzte;* 114, 196 (244f., 248) – *Beitragssicherungsgesetz*; 115, 25 (46) – *Gesetzliche Krankenversicherung*; 123, 186 (264) – *Gesundheitsreform 2007*; angedeutet auch in BVerfGE 107, 186 (204) – *Versendeverbot von Impfstoffen*; sowie bereits BVerfGE 70, 1 (29) – *Kostendämpfung*.

[115] So betont bereits *Hirschberg*, Verhältnismäßigkeit, 1981, S. 169f., dass die Logik der Zweck/Mittel-Prüfung voraussetze, dass der Zweck möglichst präzise und nicht – wie im Gesichtspunkt der Sparsamkeit – potentiell grenzenlos gefasst werde. Ebenso *Schlink*, Der Grundsatz der Verhältnismäßigkeit, in: Badura/Dreier (Hrsg.), Bd. 2, 2001, S. 445 (450); *Dechsling*, Verhältnismäßigkeitsgebot, 1989, S. 54.

[116] Anwendung findet diese Technik bekanntlich vorrangig im Steuerrecht, wo sie hilft, den Maßstab des Art. 3 Abs. 1 GG für die Kontrolle der staatlichen *Einnahmen* zu konturieren, vgl. nur beispielhaft aus der umfangreichen verfassungsgerichtlichen Rechtsprechung BVerfGE 122, 210 (236f.) – *Pendlerpauschale* („Der Zweck der Erhöhung staatlicher Einnahmen [...] kann für sich allein eine Abkehr vom Veranlassungsprinzip [...] nicht rechtfertigen."); 126, 268 (281) – *Häusliches Arbeitszimmer* („Die im Gesetzgebungsverfahren ange-

## V. Grundrechtsunspezifische Kosten

Neben den angeführten Kosten können kassierende Entscheidungen eines Gerichts bürokratische Folgekosten verursachen. Darunter fallen etwa „frustrierte Aufwendungen" für funktionslos gewordene vorbereitende Maßnahmen zur Gesetzesumsetzung, zusätzliche Ausgaben für ein neues Gesetzgebungsverfahren[117] oder auch Kosten, die dem Gesetzgeber durch vom Gericht statuierte Beobachtungspflichten entstehen[118]. Diese Kostenarten, zu denen Kosten für das bundesverfassungsgerichtliche „Folgenmanagement" hinzukommen[119], sollen hier als zwar unvermeidliche, allerdings nicht grundrechtsspezifische Nebenfolge potentiell jeder (verfassungs-)gerichtlichen Tätigkeit außer Betracht bleiben.

## VI. Zwischenergebnis

Gemeinsam ist den hier analysierten Konstellationen, dass das Bundesverfassungsgericht vorsichtig agiert, sobald fiskalische Interessen betroffen sind,

---

führten fiskalischen Gründe [...] sind nicht geeignet, die Neuregelung vor dem allgemeinen Gleichheitssatz zu rechtfertigen." Für (Sonder-)Abgaben verfährt das Gericht analog, vgl. etwa BVerfGE 108, 1 (17) – *Rückmeldegebühr*; 124, 348 (367) – *Sonderabgabe Einlagensicherungs- und Anlegerentschädigungsgesetz*; 132, 334 (349f.), Rn. 47ff. – *Rückmeldegebühr II*. Die Technik wird vom BVerfG aber auch dort, wo der staatlichen Einnahmeerzielung aus Freiheitsrechten Grenzen gezogen werden (dazu näher Fn. 35), zur Anwendung gebracht. So muss die Verstaatlichung von Gewerbezweigen nicht nur fiskalischen Interessen, sondern darüber hinaus der Abwehr von qualifizierten Gefahren dienen, dazu BVerfGE 102, 197 (216) – *Spielbankengesetz Baden-Württemberg*; 115, 276 (307) – *Sportwetten*; 126, 112 (143) – *Öffentlicher Rettungsdienst*.

Ganz analog zur hier beschriebenen Situation reicht im Beamtenbesoldungsrecht das bloße Bemühen, *Ausgaben* zu sparen, regelmäßig nicht aus, um Kürzungen oder Differenzierungen zwischen Berufsgruppen zu rechtfertigen (BVerfGE 114, 258 (291f.) – *Versorgungsänderungsgesetz*; 117, 372 (388) – *Dreijahresfrist für Versorgungsbezüge* („Die Finanzlage der öffentlichen Haushalte, die Herausforderungen durch die Globalisierung, der demographische Wandel und die finanziellen Nachwirkungen der Wiedervereinigung vermögen eine Einschränkung des Grundsatzes amtsgemäßer Versorgung nicht zu begründen. [...] Zu den finanziellen Erwägungen müssen deshalb weitere Gründe hinzukommen"); 130, 52 (68).

[117] Vgl. zu den nicht unerheblichen Kosten, die durch die bloße Nichtigerklärung von grundrechtsbeschränkenden Gesetzen verursacht werden können, am Beispiel des Volkszählungsurteils: *Cremer*, Freiheitsgrundrechte, 2003, S. 319.

[118] Dazu nur BVerfGE 107, 150 – *Sorgeerklärungen* (realisiert dann in E 127, 132 – *Elternrecht des Vaters*); 110, 141 (164) – *Kampfhunde*; 112, 304 – *Global Positioning System*.

[119] Zur Formulierung vom „Folgenmanagement", das das BVerfG in seinen Entscheidungsaussprüchen mittels Unvereinbarkeitserklärungen, Beschränkungen der Nichtigkeitsfolgen etc., betreibt, *Steiner*, Der Richter als Ersatzgesetzgeber, NJW 2001, S. 2919 (2922f.); umfassend dazu *Voßkuhle*, in: von Mangoldt/Klein/Starck (Hrsg.), Kommentar zum Grundgesetz, Bd. III, [6]2010, Art. 93 Rn. 46ff.

ohne aber im Einzelfall den Anspruch auf eine finanzwirksame Effektuierung des Grundrechtsschutzes preiszugeben. Finanzwirksame Entscheidungen stützt das Bundesverfassungsgericht entweder eng auf spezifische grundrechtliche Vorgaben oder begründet sie damit, dass sich nur so im Einzelfall die Angemessenheit oder „Zumutbarkeit" einer vom Gesetzgeber intendierten Regelung sichern lasse. Weder verpflichten dabei alle Entscheidungen zu Freiheitsrechten den Gesetzgeber zu grundrechtsspezifischen Mehraufwendungen, noch sind Entscheidungen nur in exotischen Ausnahmefällen haushaltsrelevant. Finanzwirksame Entscheidungen erfolgen nicht nur bei „extrem-mißbräuchlicher Untätigkeit" des Gesetzgebers.[120] Aber das Gericht lässt sich auf Haushaltsfragen auch nicht mit der Intensität und dem Interesse am Detail ein, wie es in anderen Feldern üblich ist. Mehr noch: Das Gericht legt eine Zurückhaltung an den Tag, die sich in den verbreiteten Charakterisierungen und Kritiken einer immer stärker „maßstabssetzenden" Grundrechtsjudikatur kaum angemessen wiederfindet.[121] Es versucht, insbesondere die Verhältnismäßigkeitsprüfung zu entlasten und haushaltsrelevante Probleme so weit wie möglich an den politischen Prozess zurück zu geben. Eine Steuerung des Gesetzgebers erfolgt überwiegend, indem Mindestpositionen markiert und Aufträge erteilt werden. Was genau aber motiviert die Grundrechtsjudikatur in normativer Hinsicht zu dieser Haltung?

---

[120] So aber *Murswiek*, Teilhaberechte, soziale Grundrechte, HStR IX, ³2011, § 192 Rn. 104.

[121] Zur Kritik vgl. etwa *Lepsius*, Die maßstabsetzende Gewalt, in: Jestaedt/Lepsius et al., Das entgrenzte Gericht, 2011, S. 159 (167 f., 211 ff.); *Hillgruber*, Ohne rechtes Maß?, JZ 2011, S. 861 ff.

# C. Zur Haushaltsautonomie als Garantie demokratischer Gestaltungsfähigkeit

Unbefangen war bislang vom Haushaltsrecht oder auch der Haushaltsautonomie die Rede. Tatsächlich wird allgemein auf das „Budgetrecht“ verwiesen, wenn näher begründet wird, dass Grundrechtsbetroffenen das ihnen sonst Zustehende – jedenfalls durch das Bundesverfassungsgericht – nicht gewährt werden kann.[122] Etwas spezifischer wird ergänzt, dass das Budgetrecht als „kollidierendes Verfassungsrecht“[123] grundrechtliche Garantien beschränke, soweit diese finanziellen Aufwand verursachten.

Dieser Erklärungsansatz ist nicht grundsätzlich verfehlt. Doch sind damit weder das Schutzgut noch die Art und Weise, in der das Bundesverfassungsgericht bei der Auflösung der Kollision vorgeht, präzise bezeichnet. Bevor daher Grundzüge einer Dogmatik der Finanzwirksamkeit von Freiheitsrechten entwickelt werden können, ist das verfassungsrechtliche „Gegeninteresse“ näher zu analysieren.

---

[122] S. dazu schon die Nachweise oben Fn. 20. Aus der Rechtsprechung vgl. nur BVerfGE 100, 226 (245) – *Denkmalschutz* („Soweit kompensatorische Entschädigungsansprüche begründet werden sollen, kann dies ohnehin, auch mit Rücksicht auf das Budgetrecht des Parlaments, nur durch ein Gesetz geschehen.“); ähnlich BGHZ 100, 136 (145 f.), zur Amtshaftung für legislatives Unrecht. Aus der Literatur vgl. nur *Mehde*, Vorbehalt des Möglichen, 2000, S. 53 ff.; *Clérico*, Struktur, 2001, S. 132; *Borowski*, Grundrechte als Prinzipien, [2]2007, S. 353, 367; *Dreier*, in: ders. (Hrsg.), Grundgesetz, Bd. I, [3]2013, Vorb. Rn. 90. Kritisch dagegen – zu Recht, soweit unter Budgetrecht nur die Kompetenzverteilung zwischen Gesetzgeber und Regierung verstanden wird (dazu sogleich) – *Ortmann*, Finanzwirksamkeit, 2007, S. 571 ff. An Handlungen, die das parlamentarische „Budgetrecht“ berühren, werden auch jenseits des Grundrechtsschutzes erhöhte formelle oder materielle Rechtfertigungsanforderungen gestellt, vgl. nur etwa BVerfGE 121, 135 (159) – *AWACS*, die Rechtsprechung zu den Grenzen der Europäischen Integration (dazu sogleich in Fn. 131) sowie die zahlreichen Entscheidungen zur Sonderabgabenproblematik (daraus nur BVerfGE 108, 186 (217) – *Informationspflichten bei Sonderabgaben*; 113, 128 (150) – *Solidarfonds Abfallrückführung*; 124, 348 (365 f.) – *Sonderabgabe Einlagensicherungs- und Anlegerentschädigungsgesetz*).

[123] So *Mehde*, Vorbehalt des Möglichen, 2000, S. 53 ff.

Der Begriff des „Budgetrechts“[124] bezieht sich im vorliegenden Kontext nicht primär auf das Verhältnis von Parlament und Regierung.[125] Ohnehin ist im parlamentarischen Regierungssystem des Grundgesetzes gerade in der Haushaltsgesetzgebung die Abhängigkeit des Parlaments von der Regierung besonders ausgeprägt: Abgesichert durch ein „Initiativmonopol“ der Bundesregierung ist das Parlament hier dem Informationsvorsprung der Exekutive ausgeliefert.[126] Fraglos bleibt der Schutz des Parlaments gegenüber der Regierung eine wichtige Facette des Haushaltsbewilligungsrechts, doch erschöpft sich seine Bedeutung heute nicht mehr darin.[127]

Wenn die Grundrechtsjudikatur in Haushaltsangelegenheiten defensiv agiert, gilt dies weniger dem Schutz parlamentarischer Organrechte, sondern zielt grundlegender auf den Schutz der Gestaltungsfreiheit des demokratischen Gesetzgebers, die ohne entsprechende finanzielle Unterstützung das Staatshandeln zur Fassade werden lässt.[128] Gestaltung verwirklicht sich in der parlamentarischen Demokratie nicht notwendig im Gegeneinander von Regierung und Parlament, sondern ist von der parlamentarischen Mehrheit im Verbund mit der von ihr getragenen Regierung auszufüllen.

Zur Klarstellung dieser Stoßrichtung soll hier der Begriff der „Haushaltsautonomie“ verwendet werden. Bezog sich dieser Begriff ursprünglich allein auf

---

[124] Technisch ist das Budgetrecht das „Recht des Deutschen Bundestags, den von der Regierung vorgelegten Haushaltsplan durch Gesetz festzustellen (Art. 110 Abs. 2 S. 1 GG) und mit Hilfe eines unabhängigen Rechnungshofs den ordnungsgemäßen Haushaltsvollzug zu überprüfen (Art. 114 GG)“, *Waldhoff*, Grundzüge des Finanzrechts, HStR V, $^3$2007, § 116 Rn. 123.

[125] Zur Prägung des Begriffs im dualistischen Konstitutionalismus des 19. Jahrhunderts und zum begrifflichen Wandel vgl. nur *Heun*, Staatshaushalt und Staatsleitung, 1989, S. 68 ff.; *Dreier*, Der Kampf um das Budgetrecht, in: Hoffmann-Riem/Schmidt-Aßmann (Hrsg.), Effizienz, 1998, S. 59 ff. (insbes. S. 89, wonach in Parlamentarismus gilt: „*Der Kampf um das Budgetrecht ist nur noch Kampf im System, nicht mehr Kampf um das System.*“); vgl. im Anschluss daran etwa *Heintzen*, Staatshaushalt, HStR V, $^3$2007, § 120 Rn. 7. Lässt man diesen Wandel außer Acht, muss die heutige Praxis verfassungsrechtlich stark defizitär erscheinen.

[126] *Isensee*, Budgetrecht, JZ 2005, S. 971 (975 f.), mit Zahlen zu „Initiativmonopol und Interpretationsvorhand der Exekutive“; *Heintzen*, Staatshaushalt, HStR V, $^3$2007, § 120 Rn. 61, 64.

[127] Zur nachhaltigen Bedeutung des „Budgetrechts“ (im obigen Sinne) etwa zur Abwehr ausufernder Abgaben mit Zweckbindung oder zur Eindämmung von Nebenhaushalten vgl. nur *Waldhoff*, Grundzüge des Finanzrechts, HStR V, $^3$2007, § 116 Rn. 133 ff.; *Korioth*, Finanzen, in: GVwR III, $^2$2013, § 44 Rn. 110. Aber schon die Frage nach der Zulässigkeit von Finanzausschlussklauseln in Verfahren direkter Demokratie lässt sich mit einer allein auf diesen Begriff bezogenen Argumentation kaum befriedigend lösen (dazu nur *Klatt*, Die Zulässigkeit des finanzwirksamen Plebiszits, Der Staat 50 (2011), S. 3 ff.).

[128] In diesem auf demokratische Willensbildung und Gewaltenteilung bezogenen Sinne argumentieren etwa BVerfGE 55, 274 (303) – *Berufsausbildungsabgabe*; 70, 324 (355 f.); 79, 311 (328 ff.); 82, 159 (179); 91, 186 (202) – *Kohlepfennig*; 119, 96 (118 ff.); 123, 267 (361 f.) – *Lissabon*.

die Haushaltstrennung im vertikal gewaltenteilenden Staat,[129] hat er insbesondere in den Entscheidungen des Bundesverfassungsgerichts zur Bewältigung der Folgen der europäischen Staatsschuldenkrise die hier für die Grundrechtsdogmatik fruchtbar zu machende Bedeutungszuschreibung erfahren: Mit „Haushaltsautonomie" wird danach die Möglichkeit des Gemeinwesens bezeichnet, im fiskalischen Wege „demokratische Gestaltungsfähigkeit" an den Tag zu legen.[130] Darin liegt laut Bundesverfassungsgericht eine „wesentliche, nicht entäußerbare Kompetenz der unmittelbar demokratisch legitimierten Parlamente der Mitgliedstaaten".[131] Haushaltsautonomie ist weder gegenständlich begrenzt noch schließt sie (Selbst-)Bindungen aus; vielmehr stellt sie gerade einen Maßstab für die Beurteilung derartiger Bindungen bereit.[132]

Auch diesseits des supranationalen Kontextes verlangt der Grundsatz der Haushaltsautonomie, dass die grundlegenden finanzwirksamen (Verteilungs-)Entscheidungen im demokratischen Gesetzgebungsverfahren getätigt werden. Aufgrund der üblichen „Zweispurigkeit" von Sachgesetzen und Haushaltsgesetz, wonach primär das Sachgesetz externe Verpflichtungen begründet, beschränkt sich der Schutz der Haushaltsautonomie nicht auf die Gewährleistung der Verabschiedung eines umfassenden Haushaltsgesetzes.[133] Vielmehr werden Verwaltung und (Verfassungs-)Gerichtsbarkeit durch diesen „Vorbehalt" des

---

[129] Vgl. dazu Art. 109 Abs. 1 GG; in diesem Sinne etwa noch BVerfGE 101, 158 (220) – *Finanzausgleich III*; 116, 327 (398) – *Berliner Haushalt*; 127, 165 (209).

[130] BVerfGE 129, 124 (170 f.) – *Griechenlandhilfe*.

[131] BVerfGE 129, 124 (LS 4, 180) – *Griechenlandhilfe*; vgl. auch ebd., S. 177, 183. Dass der Bundestag aus Gründen der „Haushaltsautonomie" der Ort bleiben muss, an dem eigenverantwortlich über Einnahmen und Ausgaben entschieden wird, betonen dann auch im Hinblick auf internationale und europäische Verbindlichkeiten und unter Anerkennung eines subjektiven Rechts des Wahlberechtigten auf Durchsetzung dieses Grundsatzes: BVerfGE 130, 318 (344) – *Beteiligungsrechte des Bundestages/EFSF („Neunergremium")*; 131, 152 (205 f.) – *ESM/Euro-Plus-Pakt („Unterrichtungspflicht")*; 132, 195 (239 f.) – *ESM (eA)* (zur „Haushaltsautonomie" als Teil des „Identitätskerns" der mitgliedstaatlichen Verfassungen); BVerfG, 2 BvQ 17/13 vom 17. April 2013, Rn. 25 = NVwZ 2013, 858 (859) – *Zypernhilfe*; BVerfGE 135, 317 (400 f.), Rn. 162 – *ESM/EZB (Hauptsache)*; ein Überblick über die Rechtsprechung bei *Diehm*, Die haushaltspolitische Gesamtverantwortung, in: Becker/Lange (Hrsg.), Linien der Rechtsprechung, Bd. 3, 2014, S. 525 ff. Ähnlich gelagert ist der Begriff der „Haushaltsverantwortung" (vgl. § 4 StabMechG): dazu *von Lewinski*, Staatsverschuldung, HStR X, [3]2012, § 217 Rn. 83 ff. Allgemein zu der Entwicklung, in die sich diese Judikatur einordnet: *Emmenegger*, Die Stärkung des Parlaments, in: dies./Wiedmann (Hrsg.) Linien der Rechtsprechung, Bd. 2, 2011, S. 447 ff.

[132] Auch Grundrechte begründen, wie hier gezeigt, Bindungen, vgl. dazu auch plastisch *Isensee*, Budgetrecht, JZ 2005, S. 971 (977). Zu den europarechtlichen Bindungen – auch außerhalb des aktuellen Krisenregimes – vgl. nur *Hey*, Finanzautonomie, VVDStRL 66 (2007), S. 277 (334 ff.). Zu den bundesstaatlichen Bindungen *Sachs*, § 67: Leistungsrechte, in: Stern, Das Staatsrecht der Bundesrepublik Deutschland, Bd. III/1, 1988, S. 720 mit Fn. 99.

[133] Zum Zusammenspiel von Sach- und Haushaltsgesetz siehe oben Fn. 98.

Haushaltsgesetzes allgemein auf ihre Plätze verwiesen, was finanzwirksame Entscheidungen betrifft.

Mit der Haushaltsautonomie wird also die Zuständigkeit des parlamentarischen Gesetzgebers für die Verteilung von Chancen auf Grundrechtsrealisierung („Koordinierungsprärogative"[134]) in Form von Mittelzuteilungen geschützt.[135] Insofern alle staatliche Tätigkeit über den Haushalt vermittelt wird, wirkt die Haushaltsautonomie als zentraler Bestandteil des grundgesetzlichen Gewaltenteilungsregimes.[136] Durch die Zuweisung entsprechender Entscheidungen an den Gesetzgeber können die permanente Veränderlichkeit der wirtschaftlichen, sozialen und kulturellen Lebensverhältnisse aufgefangen, unterschiedliche Deutungsvarianten im politischen Prozess verarbeitet, Prioritäten definiert, Verteilungsfragen thematisiert und schließlich durch Gesetz gestaltet werden.[137]

Ein derart demokratie- und gewaltenteilungstheoretisch begründetetes Konzept der Haushaltsautonomie bewegt sich allerdings auf einer Abstraktionshöhe, die sich nur schwer in eine praxisorientierte Grundrechtsdogmatik umsetzen lässt. Wie kann es dennoch gelingen, die Effektivität des Grundrechtsschutzes durch das Bundesverfassungsgericht zu gewährleisten, ohne die Belange der Haushaltsautonomie ganz zurücktreten zu lassen?

---

[134] So allgemein in Bezug auf die Aufgabe des demokratischen Gesetzgebers zum Ausgleich konfligierender Grundrechtsgehalte *Isensee*, Grundrechtsvoraussetzungen, HStR IX, [3]2011, § 190 Rn. 172.

[135] Ähnlich *Clérico*, Struktur, 2001, S. 125.

[136] So auch *Ortmann*, Finanzwirksamkeit, 2007, S. 571 f.

[137] Weitgehend insofern *Hesse*, Grundzüge, [20]1995, Rn. 289: „Die Regelung materieller Ansprüche auf Leistungen und der mit ihnen verbundenen Fragen der Finanzierung kann nur Aufgabe des Gesetzgebers sein; denn sie läßt sich zumindest unter Prioritäts- und Koordinierungsgesichtspunkten nie aus ihrer Einfügung in umfassendere Planungen und deren Durchführung lösen, und sie darf nicht ohne ihre Rückwirkungen auf diese beurteilt werden".

# D. Grundzüge einer Dogmatik der Finanzwirksamkeit von Freiheitsrechten

Die Judikatur zur fiskalischen Dimension von Freiheitsrechten hat gezeigt, dass Haushaltsbelange in der Praxis keine absolute Priorität genießen oder grundrechtliche Bindungen unbedingt überspielen.[138] Umgekehrt hat die Analyse des Grundsatzes der Haushaltsautonomie plausibel gemacht, weshalb Grundrechte keine Trümpfe sind, die gänzlich unabhängig von den mit ihrer Durchsetzung verbundenen fiskalischen Folgen zur Anwendung gebracht werden dürfen. Im Folgenden sind die bislang gewonnenen Einsichten zu bündeln, um ein Gerüst von Regeln zu erarbeiten, die einen Mittelweg zwischen Grundrechtseffektivität und Haushaltsautonomie strukturieren können. Diese Regeln müssen klären, unter welchen Bedingungen der Gesetzgeber aus Freiheitsrechten zu finanzwirksamen Leistungen in Form von (Mehr-)Ausgaben verpflichtet werden kann. An diesen Maßstäben sind bisherige Ansätze zu überprüfen; zukünftige Entscheidungen sollen hierdurch eine erste Orientierung erfahren.

Es geht damit im folgenden Abschnitt nicht darum, dogmatische Einzelfragen zu klären, etwa die Herleitung des „Abstandsgebots" aus Art. 2 Abs. 2 GG auf ihre Validität hin zu überprüfen. Auch ist nicht global einem mehr oder weniger intensiven Engagement des Gerichts in potentiell finanzwirksamen Konstellationen das Wort zu reden; solch ein Appell bedürfte sowohl einer ausgearbeiteten Theorie der Verfassungsgerichtsbarkeit als auch einer Untersuchungsbasis, die sich nicht auf den Umgang des Gerichts mit Freiheitsrechten beschränkt. Der normative Anspruch der folgenden Überlegungen bezieht sich somit allein auf die Forderung nach Regeln, die die herausgearbeitete Dialektik von Grundrechtseffektivität und Haushaltsautonomie angemessen verarbeiten können.

An welchen Kriterien ist solch ein Vorhaben zu messen? Da hierzu in der Rechtswissenschaft kein Konsens besteht, bietet es sich an, die *hier* angelegten Maßstäbe transparent zu machen und damit zur Diskussion zu stellen. Danach

[138] *Alexy*, Theorie der Grundrechte, 1994, S. 466 („Die Kraft des Prinzips der Haushaltskompetenz des Gesetzgebers ist nicht unbegrenzt. Es ist kein absolutes Prinzip. Individuelle Rechte können finanzpolitische Gründe überwiegen."); ebenso auch *Ortmann*, Finanzwirksamkeit, 2007, S. 574 f.

müssen Regeln zum Umgang mit dem Problem der Finanzwirksamkeit erstens allgemein geteilte normative Intuitionen, unter welchen Bedingungen der Gesetzgeber aus freiheitsrechtlicher Sicht zu finanzwirksamen Leistungen verpflichtet ist, grundsätzlich adäquat abbilden (*Adäquanz*). Eine Kritik der Praxis wird dadurch nicht ausgeschlossen. Sie müssen zweitens der Vielzahl der in der verfassungsrechtlichen Lebenswelt existierenden Fallgestaltungen, wie sie oben rekapituliert wurden, gerecht werden, also in ihrer Struktur gleichzeitig hinreichend variabel sein (*Variabilität*). Drittens muss, soweit auf eingeführte rechtsdogmatische Figuren zurückgegriffen wird, deren jeweilige Eigenrationalität und spezifische Funktionalität beachtet werden; die Regeln müssen sich also möglichst weitgehend in sonst geteilte Überzeugungen zum Umgang mit Grundrechten einfügen (*Kohärenz*).

## I. Hergebrachte Ansätze zur Finanzwirksamkeit von Grundrechten

Soweit in der Rechtswissenschaft bislang zur Finanzwirksamkeit von Grund- bzw. Freiheitsrechten Stellung bezogen wurde, lassen sich drei Versuche unterscheiden, die das Problem je auf unterschiedlichen Ebenen verorten wollen: im Grundrechtstyp, in einem als Einrede konstruierten speziellen Grundrechtsvorbehalt oder im Grundsatz der Verhältnismäßigkeit. Keiner dieser Zugänge wird der Problematik vollständig gerecht. Ihre jeweiligen Schwächen weisen jedoch den Weg zu einem tragfähigen Modell.

### *1. Finanzwirksamkeit als Charakteristikum einzelner Grundrechtstypen*

Der erste Ansatz wurde bereits in der Einleitung erwähnt; vor dem Hintergrund des nunmehr gesichteten Materials ist noch einmal auf ihn zurückzukommen. Danach lassen sich bestimmte Grundrechtstypen oder Grundrechtsdimensionen im Hinblick auf die Finanzwirksamkeit unterscheiden. Für die finanzwirksamen Leistungs-, Teilhabe- oder „sozialen" Grundrechte sollen dann andere Regeln als für die vermeintlich finanzneutralen Freiheits- oder Abwehrrechte gelten.[139] Analog wird bisweilen zwischen finanzneutralen Abwehrrechten und finanzwirksamen Schutzpflichten unterschieden.[140]

---

[139] Vgl. etwa *Starck*, Staatliche Organisation und staatliche Finanzierung, in: Freiheit und Institutionen, 2002, S. 158 (196 ff.), sowie allgemein zur kontroversen Diskussion die Hinweise oben Fn. 24.

[140] Zur Unschärfe des Begriffs der „Schutzpflicht" in diesem Zusammenhang siehe bereits oben Fn. 65.

Eine umfassende analytische Klärung der Unterscheidung von Abwehr- und Leistungsrechten – um nur die bedeutendste dieser Begriffsoppositionen herauszugreifen – kann und muss hier nicht erfolgen.[141] In den mit beträchtlichem staats-, verfassungs- und grundrechtstheoretischen Aufwand geführten Auseinandersetzungen erst um den sozialen Rechtsstaat und dann um das Verständnis von Grundrechten als Leistungs- und Teilhaberechten haben die Begriffe die rechtstechnische Unterscheidung von Leistungs- und Unterlassungsansprüchen längst transzendiert, komplexe gesellschafts- und grundrechtstheoretische Annahmen integriert[142], damit aber auch an dogmatischer Stabilität eingebüßt[143]. Auch wenn die fiskalischen Folgen in diesem Begriffsbildungsprozess eine wichtige Rolle gespielt haben[144], soll hier die Grenze zwischen Abwehr- und Leistungsrechten nicht grundsätzlich in Frage gestellt werden.[145]

Vielmehr ist nur zu zeigen, dass Abwehr- und Leistungsrechte quer zum Problem der Finanzwirksamkeit stehen; letzteres lässt sich also durch den Rekurs auf diese Grundrechtstypen nicht adäquat erfassen. So geht bereits die ganz ursprünglich mit dem „Abwehrrecht" assoziierte Aufgabe, die „Freiheitssphäre des einzelnen vor Eingriffen der öffentlichen Gewalt zu sichern"[146], vielfach mit kostenintensiven Ansprüchen einher. Die Masse und Vielfalt der aus dieser Auf-

---

[141] Vgl. dafür insbesondere die Vorschläge von *Borowski*, Grundrechte als Prinzipien, ²2007, S. 210, 222 ff.

[142] Zur Geschichte ausführlich *Poscher*, Grundrechte als Abwehrrechte, 2003, S. 48 ff. Die Diskussion ist keineswegs abgeschlossen, vgl. etwa jüngst die Beiträge in Vesting/Korioth/Augsberg (Hrsg.), Grundrechte als Phänomene kollektiver Ordnung, 2014.

[143] Zur uneinheitlichen Terminologie – so ist etwa von grundrechtlichen „Leistungsrechten", „Leistungsansprüchen", „Teilhaberechten" und „sozialen Grundrechten" die Rede – siehe *Borowski*, Grundrechte als Prinzipien, ²2007, S. 210 ff. m. w. N. zu den in der Literatur vorgeschlagenen Abgrenzungstheorien; *Murswiek*, Teilhaberechte, soziale Grundrechte, HStR IX, ³2011, § 192 Rn. 5 ff. Zur Unsicherheit insbesondere der Einordnung der Justizgrundrechte sowie weiterer „freiheitsakzessorischer" Leistungsrechte siehe oben Fn. 43 sowie unten Fn. 155.

[144] So kreist die Kontroverse auf der Staatsrechtslehrertagung 1971, die als ein Kulminationspunkt dieser Debatten gelten kann (dazu jüngst die Rekonstruktion bei *Thurn*, Welcher Sozialstaat?, 2013, S. 145 ff.), darum, ob es dem Leistungsstaat von Verfassungs wegen obliege, auch durch finanziellen Einsatz, der nur durch einen sehr vagen „Möglichkeitsvorbehalt" beschränkt werden solle, die tatsächlichen Voraussetzungen für den „realen" Freiheitsgebrauch zu schaffen (so *Häberle*, Grundrechte im Leistungsstaat, in: VVDStRL 30 (1972), S. 43 (96, 113 f.), vgl. auch *ders.*, Bundesverfassungsgericht im Leistungsstaat, DÖV 1972, S. 729 (732)), oder ob derartige rechtsstaatlich nicht unbedingt gebotene Garantien unter dem strikten Vorrang des Finanzrechts stünden, damit der allgemeine Grundsatz „ultra posse nemo obligatur" gelte und finanzielle Mehrbelastungen durch Grundrechte grundsätzlich ausschieden (so *Martens*, Grundrechte im Leistungsstaat, in: VVDStRL 30 (1972), S. 7 (25)).

[145] Allgemein zur Funktion und zu den Arten der Klassifikation von Grundrechten: *Sachs*, § 67: Leistungsrechte, in: Stern, Das Staatsrecht der Bundesrepublik Deutschland, Bd. III/1, 1988, S. 388 ff.

[146] BVerfGE 7, 198 (204 f.) – *Lüth*.

gabe resultierenden finanzwirksamen Verpflichtungen wurde oben ausführlich beschrieben.[147] Umgekehrt belasten nicht alle als solche verstandenen Leistungsrechte über einen rechtsinfrastrukturellen Minimalbeitrag hinaus das Budget.[148] Die Frage, in welcher Form das Gericht berücksichtigen kann oder darf, dass die Grundrechtseffektuierung den Haushalt beeinträchtigt, stellt sich damit unabhängig von der Zuordnung eines Rechts zur Kategorie des Abwehr- oder Leistungsrechts.

Die Unterscheidung von finanzwirksamen Leistungs- und finanzneutralen Abwehrrechten lässt sich auch nicht dadurch stabilisieren, dass Leistungsrechte „originäre" Kosten (bzw. Leistungspflichten) und Abwehrrechte bloß „bedingte" Kosten (bzw. Leistungspflichten) verursachen.[149] Zum einen ist die in der Literatur etablierte Unterscheidung von Abwehr- und Leistungsrechten nicht an dieser Grenzlinie ausgerichtet: Auch üblicherweise als Leistungsrechte klassifizierte Grundrechte generieren nicht notwendig „originäre" Kosten.[150] Umgekehrt werden Justizgrundrechte, die „originär" rechtsstaatliche Infrastrukturkosten verursachen, vielfach nicht als Leistungsrechte gefasst.[151] Ferner folgen anerkanntermaßen auch auf Tatbestandsebene aus Abwehrrechten „originäre" Leistungspflichten, da jedenfalls finanzwirksame Beseitigungsansprüche von der abwehrrechtlichen Garantie umfasst sein sollen.[152]

Zum anderen ist die Unterscheidung zwischen der „originären", d.h. dem Gesetzgeber bereits durch die Verfassung vorgegebenen, Pflicht zur Aufbringung von Mitteln, wie sie, wenn auch nicht ausschließlich, so doch vorrangig die Leistungs- und Justizgrundrechte kennzeichnen mag, und den finanzwirksamen Pflichten, die erst als Reaktion auf ein (gesetzgeberisches) Tätigwerden des Staates statuiert werden, aus Sicht der Haushaltsautonomie und damit der Gewaltenteilung zwar relevant, aber nicht fundamental. Sicherlich kann der Gesetzgeber prinzipiell im zweiten Fall durch den Verzicht auf Regulierung Kosten vermeiden. So entfiele die Pflicht zur Einholung von externen Prognosegutachten, würde der Gesetzgeber auf das Institut der Unterbringung im Maßregel-

[147] Unter B. I. bis IV.

[148] Zu weitgehend „immateriellen" (allerdings eine grundlegende rechtsstaatliche Infrastruktur voraussetzenden) grundrechtlichen Leistungsansprüchen, etwa auf Genehmigung von Privatschulen (Art. 7 Abs. 4 Satz 3 GG), siehe *Rüfner*, Leistungsrechte, in: HGR II, 2006, § 40 Rn. 4; davon zu unterscheiden ist dann wiederum ein gegebenenfalls aus Art. 7 Abs. 4 Satz 1 GG abzuleitender Subventionsanspruch, dazu die Nachweise oben bei Fn. 65.

[149] Zu dieser Unterscheidung bereits oben Fn. 92.

[150] Siehe oben Fn. 148.

[151] Siehe oben Fn. 43.

[152] Vgl. nur *Bumke*, Grundrechtsvorbehalt, 1998, S. 63; *Cremer*, Freiheitsgrundrechte, 2003, S. 139 ff.; *Poscher*, Grundrechte als Abwehrrechte, 2003, S. 394; *Sachs*, Abwehrrechte, in: HGR II, 2006, § 39 Rn. 48 ff.; *Borowski*, Grundrechte als Prinzipien, ²2007, S. 173, 215 f.

vollzug verzichten. Allerdings muss und wird der Gesetzgeber in vielen Fällen nicht davon absehen können, auch die finanzwirksamen Vorgaben des Bundesverfassungsgerichts zur Abfederung von Grundrechtseingriffen zu befolgen. Von Rechts wegen ist ihm diese Möglichkeit sogar verwehrt, wenn – wie etwa im Fall der Unterbringung – die Eingriffsregelung in multipolaren Konstellationen auch zur Umsetzung einer staatlichen Schutzpflicht dient. Das aufgerufene verfassungsrechtliche Gegeninteresse, die parlamentarische Haushaltsautonomie, beeinflusst daher den Umgang des Gerichts sowohl mit originären wie mit bedingten finanzwirksamen Verpflichtungen. Was die Ausbalancierung von Grundrechtseffektivität und Haushaltsautonomie betrifft, unterscheiden sich die mit originären und bedingten Grundrechtskosten verbundenen Herausforderungen für die Verfassungsrechtsprechung somit nicht kategorial.

Schließlich kommt hinzu, dass die Gegenüberstellung von finanzwirksamen Leistungs- und finanzneutralen Abwehrrechten wenigstens teilweise klar strategische Interessen verfolgt, etwa wenn erstere unter einen weitgehenden haushaltsrechtlichen Vorbehalt gestellt, während letztere ungeachtet ihrer fiskalischen Folgen, also um jeden Preis, verfolgt werden sollen.[153] Dabei wird der Verweis auf Haushaltsbelastungen zum juristischen Argument gegen eine als „leistungsstaatlich" wahrgenommene Ausdehnung der Rechtsprechung zu Grundrechten.[154] Umgekehrt wird zur Rechtfertigung einer kompromisslosen Durchsetzung von rechtsstaatlichen Abwehrrechten auf deren vermeintliche Haushaltsneutralität verwiesen.[155] Bisweilen werden sogar Finanzwirksamkeit

[153] Vgl. zur Diskussion die Nachweise oben Fn. 24 und 139.

[154] Vgl. schon oben Fn. 144, sowie die Nachweise bei *Cremer*, Freiheitsgrundrechte, 2003, S. 316 mit Fn. 701; *Rüfner*, Leistungsrechte, in: HGR II, 2006, § 40 Rn. 14 ff.

[155] So heißt es etwa bei *Murswiek*, Teilhaberechte, soziale Grundrechte, HStR IX, ³2011, § 192 Rn. 64: „Die Freiheit als solche kostet nichts und kann ohne Rücksicht auf die wirtschaftliche Situation unbedingt gewährleistet werden". Allerdings muss auch *Murswiek* einräumen, dass die Gewährleistung von Freiheit „erhebliche soziale Kosten verursachen kann und daß die Institutionen des Freiheitsschutzes Kosten verursachen" (ebd., Rn. 64 mit Fn. 122). Doch seien derart „freiheitsakzessorische" Leistungsrechte (ebd., Rn. 14, 21, 24) ebenso wie die Justizgrundrechte (ebd., Rn. 23, dazu schon oben Fn. 43) eben nicht dem Konzept der Teilhabe zuzurechnen. Es geht *Murswiek* also darum, den Schutz von Abwehrrechten bzw. die Ansprüche auf „freiheitsakzessorische" Leistungen von finanziellen Erwägungen zu entlasten; solche Rechte, die der sozialstaatlichen „Herstellungs-, Meliorisierungs-, Umverteilungsfunktion" entspringen, seien dagegen „von den Möglichkeiten der gesamtwirtschaftlichen Lage in hohem Grade abhängig" und müssten unter entsprechenden Finanzierungsvorbehalten stehen (ebd., Rn. 24). Zur ideengeschichtlichen Herkunft dieser Thesen von *Forsthoff*, die sich bei *Murswiek* auch in der Aufnahme der Unterscheidung eines positiv-teilhaberechtlichen und eines negativ-liberalen Freiheitsbegriffs dokumentiert, vgl. ebd. Rn. 7. Ähnlich auch – unter Aufnahme von Gedanken von *Carl Schmitt* („Nehmen/Teilen/Weiden") – *Kirchhof*, Steuerung, NVwZ 1983, S. 505 (511), wonach der „Vorbehalt des Möglichen" (dazu auch unten D. I. 2.) „nur für die finanzstaatliche, nicht für die rechtsstaatliche Grundrechtsvorsorge" gelte. Vgl. auch zur parallelen Diskussion um die Kosten von Rechten und

und Geltungsfrage miteinander verknüpft.[156] Ungeachtet der Frage nach der Adäquanz des hier zugrunde liegenden alt- oder neo-liberalen Staatsverständnisses für eine Grundrechtstheorie des Grundgesetzes wählt sich dieser Ansatz mit der Finanzwirksamkeit ein denkbar schlechtes Differenzierungskriterium: Nicht nur bleibt unklar, wie hier die große Zahl von finanzwirksamen Entscheidungen zum Schutz „klassischer" Freiheitsrechte eingeordnet werden soll. Auch müsste der Ansatz, wenn er dogmatisch konsequent vorginge, wohl anerkennen, dass dann etwa im Steuerrecht verfassungsrechtlicher Rechtsschutz aus Gründen der Finanzwirksamkeit weitgehend ausscheiden müsste. Die beschränkte Kraft der gegen die Möglichkeit finanzwirksamer Grundrechtsjudikate vorgebrachten Argumente zeigt sich also auch darin, dass auf ihrer Grundlage weite Bereiche der Verfassungsrechtsprechung verworfen werden müssten.

### 2. *Der „Vorbehalt des Möglichen" als Einrede der Finanzwirksamkeit*

Ein zweiter Vorschlag zum Umgang mit der Finanzwirksamkeit von Grundrechten besteht in der Konstruktion einer Art Einrede, die Gesetzgeber und Verwaltung gegen übermäßige finanzwirksame Forderungen, die aus Grundrechten abgeleitet werden, zustehen soll. In diesem Sinne wird vielfach auf einen „Vorbehalt des Möglichen" verwiesen, der die fiskalische Wirkung von Grundrechten – namentlich von Teilhaberechten[157], Leistungsrechten[158],

---

Minimalstaatlichkeit in der US-amerikanischen Literatur *Holmes/Sunstein*, The Cost of Rights, 1999, S. 25.

[156] So insbesondere auch *Murswiek*, Die staatliche Verantwortung für die Risiken der Technik, 1985, S. 124; dagegen *Sachs*, § 67: Leistungsrechte, in: Stern, Das Staatsrecht der Bundesrepublik Deutschland, Bd. III/1, 1988, S. 716; *Rüfner*, Leistungsrechte, in: HGR II, 2006, § 40 Rn. 18. Detailliert *Tushnet*, Social Welfare Rights and the Forms of Judicial Review, Texas Law Review 82 (2003–2004), S. 1895 ff.; *Michelman*, The Constitution, Social Rights, and Liberal Political Justification, ICON 1 (2003), S. 13 ff. Siehe dazu auch bereits die oben (Fn. 27) zitierte Entscheidung des Verfassungsgerichts der Republik Südafrika, Urteil vom 6. September 1996, *Certification of the Constitution of the Republic of South Africa*, 1996 (CCT 23/96) [1996] ZACC 26, para. 77.

[157] Grundlegend BVerfGE 33, 303 (333 f.) – *Numerus Clausus I*; vgl. auch BVerfGE 134, 1 (14), Rn. 37 – *Landeskinderregelung bei Studiengebühren*. Dazu vorbereitend *Häberle*, Grundrechte im Leistungsstaat, in: VVDStRL 30 (1972), S. 43 (107 f., 113 ff.) (dort noch als „Maßgabevorbehalt"); dann auch *ders.*, Bundesverfassungsgericht im Leistungsstaat, DÖV 1972, S. 729 (732). In *Häberles* Arbeiten und den sich darauf beziehenden Entscheidungen des Bundesverfassungsgerichts dient die Figur des „Vorbehalts" wesentlich dazu, Ängsten vor einer Überforderung des Leistungsstaates zu begegnen, ohne auf eine grundrechtliche Fundierung oder „Effektuierung" ursprünglich allein als „sozialstaatlich" verstandener Positionen zu verzichten. Bezogen auf einen weiten Teilhabe-Begriff findet sich der „Vorbehalt des Möglichen" auch bei *Kirchhof*, HStR V, Mittel, ³2007, § 99 Rn. 109; *Murswiek*, Teilhaberechte, soziale Grundrechte, HStR IX, ³2011, § 192 Rn. 63 ff.

[158] Vgl. nur BVerfGE 40, 121 (133 f.) – *Waisenrente II*; 82, 60 (80) – *Steuerfreies Existenzminimum*; 102, 254 (298) – *EALG*; sowie *Bumke/Voßkuhle*, Casebook, ⁶2013 Rn. 248.

Schutzpflichten[159], Justizgrundrechten[160] aber auch ganz allgemein[161] – eben auf das beschränke, was der Einzelne „vernünftigerweise von der Gesellschaft beanspruchen“ könne[162].

Viel ist hier ungeklärt: Wann greift der Vorbehalt? Wirkt er als zusätzliche Schranke, wenn gewährleistungsspezifische Vorgaben den Gesetzgeber zu finanzwirksamen Handlungen verpflichten oder finanzielle Absicherungen sein Handeln punktuell erst angemessen machen? Und bis zu welchem Punkt können sich Gesetzgeber oder Verwaltung Grundrechtsbetroffenen gegenüber darauf berufen, um sonst geschuldete Leistungen zu verweigern? Diese Fragen sind wohl auch deswegen offen, weil das Konzept eines derartigen Vorbehalts bereits begrifflich unglücklich gewählt ist: Denn was ist im Verfassungsrecht „möglich“, wenn durch gesetzgeberische Intervention oder einen erhöhten Mitteleinsatz das „zunächst als unmöglich Erscheinende [...] oft möglich gemacht werden“ kann?[163] Im demokratischen Verfassungsstaat obliegt es gerade dem Gesetzgeber, Politik und damit Möglichkeiten zu gestalten.[164] Und offensichtlich mutet die Verfassung in ihrem Grundrechtsteil Gesetzgeber und Verwaltung zu, die Gewährleistung eines ausreichenden Grundrechtsschutzniveaus zu ermöglichen. Ohne die Angabe näherer Bedingungen ergänzt die Feststellung, der Grundrechtsschutz sei auf das „Mögliche“ beschränkt, demnach im besten Fall den trivialen Hinweis, dass Verfassungsordnung und politischer Prozess mit bestimmten Realitäten zurechtkommen müssen und dass alle Mittel endlich sind, um den Appell, mit Ressourcen schonend umzugehen.[165] Bei der Entscheidung aber, ob und in welcher Form der Gesetzgeber im konkreten Fall finanzwirksame Vorgaben aus Grundrechten umsetzen kann und mit welchem Aufwand er dies gegebenenfalls möglich machen muss, hilft der in jeder Hin-

[159] Vgl. nur *Isensee*, Grundrecht, HStR IX, ³2011, § 191 Rn. 219, 274 ff.

[160] Vgl. nur *Voßkuhle*, Rechtsschutz gegen den Richter, 1993, S. 319 m. w. N.; kritisch *Pflughaupt*, Prozessökonomie, 2011, S. 150 ff.

[161] Umfassend *Mehde*, Vorbehalt des Möglichen, 2000.

[162] BVerfGE 77, 84 (110); vgl. auch unten Fn. 208. Zu weiteren Anwendungsfällen siehe *Ortmann*, Finanzwirksamkeit, 2007, S. 521 f.

[163] *Eckertz*, Die Aufhebung der Teilung, ZRP 1993, S. 297 (300).

[164] Ähnlich auch *Mehde*, Vorbehalt des Möglichen, 2000, S. 24 ff., wonach nur in seltenen Fällen etwas für den Gesetzgeber „echt“ unmöglich ist; hinter dem Argument der Unmöglichkeit stehen vielmehr meist Fragen der angemessenen Allokation bestimmter Mittel.

[165] Aussagen wie die, dass die „‚natürliche Knappheit‘ der Anspruchsobjekte [...] eine faktische Schranke aller sozialen Grundrechte“ ist (*Starck*, Staatliche Organisation und staatliche Finanzierung, in: Freiheit und Institutionen, 2002, S. 158 (196)), sind daher zwar offensichtlich richtig, doch ist damit kein besonderes Problem sozialer Grundrechte, sondern letztlich allgemein des Rechts bezeichnet. So zu Recht *Sachs*, § 67: Leistungsrechte, in: Stern, Das Staatsrecht der Bundesrepublik Deutschland, Bd. III/1, 1988, S. 718 f.; vgl. auch *Schuppert/Bumke*, Konstitutionalisierung der Rechtsordnung, 2000, S. 67.

sicht – normativ, prozedural, institutionell – unterbestimmte Möglichkeitsbegriff jedoch nicht.[166]

Wo nur in dieser pauschalen Form vom „Vorbehalt des Möglichen" die Rede ist, wird zudem verkannt, dass das Bundesverfassungsgericht dem Gesetzgeber in Sonderfällen durchaus gestattet, das Maß des „an sich" zu gewährleistenden Grundrechtsschutzes zu unterschreiten und sich auf ein Handeln „nach Maßgabe des Möglichen" zu beschränken; hier fungiert der Vorbehalt als echte zusätzliche Schranke.[167] Entsprechende Entscheidungen sind eng mit der Geschichte des Grundgesetzes als eines aus einer „Umbruchsituation" (*Harms*) entstandenen und im Zuge der Wiedervereinigung erneut mit einer solchen konfrontierten Verfassungstextes verbunden.[168] Was in der konkreten Entscheidungssituation möglich war, wird in diesen Fällen durch den äußeren Entscheidungskontext näher bestimmt. Als Erinnerung an eine hier notwendige „Umbruchsdogmatik" kann die Figur des Vorbehalts durchaus mit eigenem Recht fungieren.[169] Darüber hinaus jedoch, also losgelöst von konkreten Verfassungsnormen und bestimmten historischen Kontexten, ist die Formel nicht annähernd komplex und variabel genug, um die Vielzahl der Konstellationen zu erfassen, in denen Grundrechte fiskalisch wirken. Sie spiegelt allein das zwischen Freiheit und Bindung changierende Verhältnis von Grundrechten und Haushaltsgesetzgeber, gibt jedoch keine Orientierung, wie diese differenzierte Mechanik bewältigt werden kann.[170] So wirkt der Vorbehalt zwar als Hinweis auf die Notwendigkeit der Ausarbeitung dogmatischer Regeln, kann jedoch das mit ihm einhergehende dogmatische Versprechen nicht einlösen.

---

[166] Insoweit übertrifft die Unbestimmtheit der Möglichkeitsgrenze sogar noch die strukturell ähnlicher Ansätze wie den allgemeinen „Gemeinwohlvorbehalt" (dazu *Häberle*, Gemeinwohlproblematik, Rechtstheorie 14 (1983), S. 257 ff.) oder den Vorbehalt des Schutzes der „Funktionsfähigkeit" (*Pieroth*, Rechtsverweigerung zur Erhaltung der Funktionsfähigkeit staatlicher Einrichtungen, VerwArch 68 (1977), S. 217 ff.; *Harms*, Verfassungsrecht in Umbruchsituationen, 1999, S. 214). Hierzu im Bezug auf allgemeine Grundrechtsgrenzen: *Bumke*, Grundrechtsvorbehalt, 1998, S. 155 ff.

[167] Vgl. nur BVerfGE 15, 126 (LS 2) – *Staatsbankrott*; 19, 150 (163) – *Allgemeines Kriegsfolgengesetz*; 23, 153 (166) – *Schatzanweisungen*; 24, 203 (214); 29, 413 (425) – *Reichsnährstand*; 41, 126 (152) – *Reparationsschäden*.

[168] Siehe dazu die Aufbereitung der verfassungsrechtlichen Fragen, die sich im Rahmen der Bewältigung der Folgen des Zweiten Weltkriegs sowie der Wiedervereinigung gestellt haben und in denen auf den politischen Kontext und das „Möglichkeitsargument" Bezug genommen wurde: *Harms*, Verfassungsrecht in Umbruchsituationen, 1999, S. 41 (wirtschaftslenkende Eingriffe), 45 ff. (Kriegs- und Kriegsfolgelasten), 60 (Erlöschen der Beamtenverhältnisse), 100 ff. (Enteignungen in der SBZ).

[169] Hierzu *Harms*, Verfassungsrecht in Umbruchsituationen, 1999, S. 119 ff. Vgl. auch *Leisner*, Leistungsfähigkeit, 1998, S. 56 ff.

[170] In diese Richtung auch *Harms*, Verfassungsrecht in Umbruchsituationen, 1999, S. 253; *Ortmann*, Finanzwirksamkeit, 2007, S. 577 ff. (insbes. 583, 596).

### 3. *Finanzwirksamkeit als Abwägungsproblem*

Auf einer deutlich stabileren dogmatischen Grundlage als die Vorbehaltstheorie und weit weniger schematisch als die Unterscheidung von finanzwirksamen Leistungs- und finanzneutralen Abwehrrechten operiert der dritte Ansatz. Danach ist die Haushaltsautonomie oder das Budgetrecht im Einzelfall als „kollidierendes Verfassungsrecht" mit grundrechtlichen Leistungsansprüchen abzuwägen.[171] Auch dieses Modell leidet jedoch aus methodischer Sicht an Schwächen. Erstens kann es nicht erklären, wie mit Grundrechten, die schon auf Tatbestandsebene den Gesetzgeber zu haushaltsrelevanten Leistungen verpflichten, umzugehen ist. Finanzwirksamkeit ist aber nicht nur eine Frage der Verhältnismäßigkeit; ein Ansatz, der allein darauf abstellt, berücksichtigt die Variabilität der Fallgestaltungen nicht hinreichend. Zweitens wird vorausgesetzt, dass das Prinzip der Haushaltsautonomie im Wege einer offenen oder stufenlosen „Abwägung" in eine Grundrechtsprüfung eingeführt werden kann: Doch wie ist eine Relation zwischen einer betroffenen Grundrechtsposition und einer Kompetenzzuweisung zur Verteilung von Grundrechtsrealisierungschancen zu bilden und daraus eine Abwägung zu strukturieren?[172] Bei der Dialektik von Grundrechtseffektuierung und Haushaltsautonomie handelt es sich ja nicht allein um ein mehrdimensionales Freiheitsproblem oder um die kumulative Betroffenheit einer Mehrzahl von Rechtsgütern. Dies allein wäre bereits schwer greifbar; hier jedoch sind schon Art und Gewicht der verfassungsrechtlichen „Gegeninteressen" sowie das Maß, in dem im konkreten Fall die Gewaltenteilung betroffen ist, nicht bestimmbar. Solange es an einer konkretisierenden Entscheidung des (Grundrechts-)Gesetzgebers fehlt, stehen hinter der Haushaltsautonomie allein Werte in ihrer Potentialität; eine kohärente Abwägungsprüfung ist kaum möglich. Will man dem Gesichtspunkt der Haushaltsautonomie im Rahmen der Verhältnismäßigkeitsprüfung gerecht werden *und* eine diffuse, letztlich nicht mehr argumentativ, sondern nur noch dezisionistisch auflösbare Gegenüberstellung von Grundrecht und Haushaltsautonomie vermeiden, muss man sich daher im Rahmen der Abwägung um klarere Strukturen bemühen, als sie ein ganz offenes Abwägungskonzept bereitzustellen vermag.

---

[171] So wohl *Mehde*, Vorbehalt des Möglichen, 2000, S. 53 ff. Ähnlich auch *Borowski*, Grundrechte als Prinzipien, ²2007, S. 353, 367. Dagegen zu Recht *Murswiek*, Teilhaberechte, soziale Grundrechte, HStR IX, ³2011, § 192 Rn. 103; vgl. auch die vorsichtigen Positionen bei *Leisner*, Leistungsfähigkeit, 1998, S. 115; *Cremer*, Freiheitsgrundrechte, 2003, S. 323 f.

[172] Vgl. allerdings zu Versuchen, derartige Gesichtspunkte durch Einführung von „formellen Prinzipien" in die Abwägung zu integrieren, einerseits *Hwang*, Verfassungsgerichtliche Abwägung, AöR 133 (2008), S. 606 ff., sowie andererseits *Klatt/Schmidt*, Abwägung unter Unsicherheit, AöR 137 (2012), S. 545 (583 ff.).

### 4. *Schlussfolgerungen*

Die bisher verfolgten Konzepte haben sich damit entweder als zu starr oder als zu vage erwiesen, um dem Rechtsanwender Orientierung im Umgang mit dem Problem der Finanzwirksamkeit von Freiheitsrechten zu bieten. Insgesamt ist zweifelhaft, ob monistische Ansätze, die das Problem aus einem einzelnen Begriff wie der „Leistung", dem „Möglichen" oder der „Abwägung" heraus lösen wollen, überhaupt der Vielzahl von Fallgestaltungen und der inhärenten Dialektik von Grundrechtseffektivität und Haushaltautonomie gerecht werden können. Denn das Phänomen der Finanzwirksamkeit transzendiert zahlreiche etablierte grundrechtstheoretische und grundrechtsdogmatische Unterscheidungen – etwa die von Abwehr- und Leistungsrecht, von Leistungs- und Unterlassungsanspruch, von originären und bedingten Leistungspflichten, aber auch die von Schutzbereich und Verhältnismäßigkeit.

Der Versuch einer Systematisierung des Problems muss daher neu und mehrdimensional ansetzen. Hierzu ist noch einmal auf das oben gesichtete Entscheidungsmaterial zurückzukommen. Rekapituliert man, wodurch sich die Rechtsprechung des Bundesverfassungsgerichts auszeichnet, zeigt sich folgendes Bild: Zum einen leitet das Bundesverfassungsgericht finanzwirksame Pflichten des Gesetzgebers auf Schutzbereichsebene aus einzelnen Grundrechtsnormen ab. Hier liegt die richtige, aber unvollständig ausgearbeitete Intuition der Theorie von den finanzwirksamen „Leistungsrechten". Zum anderen fordert das Gericht in individuell unzumutbaren Fällen auf Rechtfertigungsebene finanzwirksame Abfederungen gesetzgeberischer Regulierungsmaßnahmen. Dabei weicht das Gericht allerdings einer offenen Abwägung von Haushaltsautonomie und Freiheitsgewinnen aus. Der Abwägungsvorgang wird vielmehr mittels eines vergleichsweise transparenten Regel-Ausnahme-Mechanismus strukturiert: Nur in bestimmten Konstellationen werden bestimmte Typen von finanzwirksamen Maßnahmen angeordnet. So wird der Dezisionismus einer ganz freischwebenden Abwägungslösung verhindert. Anders formuliert trifft das Verfassungsgericht nur dort Entscheidungen zu Lasten des Staatshaushaltes, wo sich dies mit einzelnen Grundrechtstatbeständen begründen lässt oder aber wo dies auf Angemessenheitsebene zur Kompensation individueller Härten punktuell geboten erscheint, um Mindestpositionen zu sichern. Wie sich zeigen wird, ist damit ein zwar komplexer, aber eben auch tragfähiger Ansatz für den Umgang mit der Finanzwirksamkeit von Freiheitsrechten gefunden. Dies gilt es nun näher auszuführen.

## II. Gewährleistungsspezifische Vorgaben für finanzwirksame Leistungsansprüche

Selbstverständlich sollte sein, dass nicht abstrakt bestimmt werden kann, unter welchen Bedingungen aus Grundrechtsnormen finanzwirksame Leistungsgebote oder Kürzungsverbote folgen. Vielmehr können Gesetzgeber und Verwaltung nur dann zur Deckung rechtsstaatlicher Infrastrukturkosten verpflichtet werden, wenn sich dies auf gewährleistungsspezifische Vorgaben stützen lässt.[173] Gleiches gilt, soweit Grundrechtsberechtigten sonst originäre Leistungsansprüche eingeräumt oder bestimmte einfachrechtlich erworbene Ansprüche konstitutionalisiert und so gegen Kürzungen geschützt werden. Der These vom Leistungsanspruch als gewährleistungsunabhängigem Grundrechtsgehalt, also von einer abgelöst von der konkreten Norm geltenden Leistungsdimension aller Grundrechte, ist aus dieser Sicht zu Recht die Gefolgschaft versagt geblieben.[174]

Die vermeintliche Selbstverständlichkeit dieser Position erweist sich jedoch selbst als anspruchsvolle These, wie ein Blick auf die seit geraumer Zeit intensiv geführte Diskussion um weite und enge Grundrechtstatbestände zeigt, in der konzeptionell parallele Überlegungen angestellt werden.[175] Dieser Streit wird nicht auf dem Feld der Finanzwirksamkeit entschieden.[176] Doch fügt die hier

[173] Zur Unterscheidung von gewährleistungsspezifischen Vorgaben und gewährleistungsunabhängigen Grundrechtsgehalten *Bumke*, Grundrechtsvorbehalt, 1998, S. 55 ff.; zu unterschiedlichen Gewährleistungsbegriffen und damit verbundenen Theorien näher *ders.*, Ausgestaltung von Grundrechte, 2009, S. 6 f. m. w. N.

[174] Der Ansatz in BVerfGE 33, 303 (330 ff.) – *Numerus Clausus I*, wurde zu Recht schon in BVerfGE 36, 321 (331 f.) – *Schallplatten*, korrigiert. Weitere Nachweise bei *Dreier*, Dimensionen der Grundrechte, 1993, S. 45 Fn. 172; vgl. auch *Dreier*, in: ders. (Hrsg.), Grundgesetz, Bd. I, [3]2013, Vorb. Rn. 89 f.; sowie *Cremer*, Freiheitsgrundrechte, 2003, S. 360 Fn. 896, 364 f.

[175] Zur jüngsten Welle dieser in der bundesrepublikanischen Grundrechtsdogmatik immer wieder unter neuen Perspektiven und mit neuen Begriffen geführten, prinzipiell unabgeschlossenen Diskussion vgl. nur einerseits die je eigenständigen Konzepte von *Bumke*, Grundrechtsvorbehalt, 1998, S. 104 ff.; *Böckenförde*, Schutzbereich, Eingriff, verfassungsimmanente Schranken, Der Staat 42 (2003), S. 165 ff.; *Hoffmann-Riem*, Enge oder weite Gewährleistungsgehalte der Grundrechte?, in: Bäuerle/Hanebeck et al. (Hrsg.), Haben wir wirklich Recht?, 2003, S. 53 ff.; *Volkmann*, Veränderungen der Grundrechtsdogmatik, JZ 2005, S. 261 ff.; andererseits insbesondere *Kahl*, Vom weiten Schutzbereich zum engen Gewährleistungsgehalt, Der Staat 43 (2004), S. 167 ff. (mit Replik von *Hoffmann-Riem*, Grundrechtsanwendung unter Rationalitätsanspruch, Der Staat 43 (2004), S. 203 ff.); sowie den Überblick über den Debattenverlauf und die Motive der unterschiedlichen Positionen bei *Kahl*, Neuere Entwicklungslinien der Grundrechtsdogmatik, AöR 131 (2006), S. 579 (605 ff.), und *Rusteberg*, Gewährleistungsgehalt, 2009, S. 76 ff., je m. w. N.

[176] Die mit der Kritik „enger" Gewährleistungstheorien teilweise verbundenen Bedenken, durch eine parallele Einschränkung der allgemeinen Handlungsfreiheit komme es insgesamt zu einer Absenkung des Grundrechtsschutzniveaus (zur kritischen Analyse dieser Argumentationslinie nur *Murswiek*, Grundrechtsdogmatik am Wendepunkt?, Der Staat 45 (2006), S. 473 (484 ff.)), lassen sich jedenfalls nicht auf die hier betrachteten Fallgestaltungen übertra-

betrachtete Problematik der Diskussion eine wichtige Facette hinzu, indem sie punktuell die Praktikabilität einer intensiver an der einzelnen Grundrechtsnorm und an bereichsspezifischen Abwägungsregeln interessierten Position demonstriert und gleichzeitig die Plausibilität eines derartigen Ansatzes im konkreten Fall mit den Besonderheiten des Prinzips der Haushaltsautonomie begründen kann.

In jedem Fall sind Grundrechtsnormen, aus denen finanzwirksame Folgerungen abgeleitet werden sollen, als positives Verfassungsrecht und damit als Entscheidung ernst zu nehmen.[177] Damit wird der Rechtsanwender zunächst auf die Aufgabe der Konkretisierung verwiesen, die ausgehend vom Normtext und nach den Regeln der juristischen Argumentation sowie unter Einbeziehung des dogmatischen Diskurses den sachlichen Gehalt der Grundrechtsnorm entfalten muss. Angesichts der Offenheit zahlreicher grundrechtlicher Bestimmungen darf solch eine Forderung nicht naiv missverstanden werden.[178] Selbstverständlich ist der Konkretisierungsprozess in hohem Maße durch allgemeine hermeneutische und spezifisch grundrechtstheoretische Vorverständnisse geprägt, die sich, und damit auch das Konkretisierungsergebnis, einer Letztbegründung am Normtext entziehen.[179] Zudem operiert die Frage nach dem Inhalt einer Norm notwendig mit allgemeinen Kategorien und dogmatischen Begriffen, die einen zwar schwachen, aber doch über die Norm hinausweisenden Zwang zum System ausüben und entsprechende Wertungen transportieren.[180] Doch gerade weil entsprechende „positive" Maßgaben im Grundgesetz

gen. Hier kann es gar nicht darum gehen, durch die Betonung enger Gewährleistungsgehalte zu weit verstandene und durch eine überschießende allgemeine Grundrechtsdogmatik form- und konturlos gewordene Abwehransprüche wieder einzufangen, um so eine Hypertrophie der Grundrechte zu vermeiden. Da die hier betrachteten finanzwirksamen Grundrechtsjudikate in der Regel auf „positive" gewährleistungsspezifische Vorgaben rekurrieren, die von der herrschenden Lehre üblicherweise aus allgemeinen grundrechtsdogmatischen Erwägungen heraus sehr restriktiv gehandhabt werden (vgl. oben unter D. I. 1.), lässt die Betonung der Gewährleistungsgehalte hier allenfalls eine Ausdehnung des Schutzniveaus erwarten – was dann wiederum am Grundsatz der Haushaltsautonomie zu überprüfen ist.

[177] Auch der Blick zurück auf die spezifischen historischen Gefährdungslagen, auf die der Erlass der Verfassungsnorm reagiert hat (dazu *Rusteberg*, Gewährleistungsgehalt, 2009, S. 175ff.), und auf den Willen des Verfassungsgebers (hierzu allerdings skeptisch *Bumke*, Grundrechtsvorbehalt, 1998, S. 138ff.) ist immer wieder neu zu versuchen.

[178] Zur Offenheit der Grundrechtsbestimmungen und zur Unhintergehbarkeit des grundrechtstheoretischen Vorverständnisses klassisch *Böckenförde*, Grundrechtstheorie, NJW 1974, S. 1529ff.; sowie nur *Bumke*, Ausgestaltung von Grundrechten, 2009, S. 11ff.; *Stern*, Idee und Elemente eines Systems der Grundrechte, HStR IX, ³2011, § 185 Rn. 29ff.

[179] Hierzu ausführlich *Wischmeyer*, Zwecke im Recht des Verfassungsstaates, 2015, S. 322ff.

[180] Dazu näher *Bumke*, Grundrechtsvorbehalt, 1998, S. 25ff.; zur Unterscheidung eines konventionellen und eines idealistischen Systemverständnisses *ders.*, Rechtsdogmatik, JZ 69 (2014), S. 641 (647f.). Vgl. auch *Poscher*, Rechtsdogmatik als hermeneutische Disziplin, in: FS Schlink, 2014, S. 203 (204ff.).

nur fragmentarisch angelegt sind, schlüsselt sich die Herleitung finanzwirksamer Mindestansprüche in der konkretisierenden Arbeit an der Norm.

Ob nun alle oben angeführten verfassungsgerichtlichen Entscheidungen, die entsprechende finanzwirksame Verpflichtungen des Staates statuieren, den entsprechenden Begründungsanforderungen gerecht werden, ist eine Frage der spezialgrundrechtlichen Dogmatik. Doch dürfen nicht aus Angst vor einer Überkonstitutionalisierung der Rechtsordnung oder vor einer „leistungsstaatlichen" Überforderung der Finanzkraft des Staates entsprechende grundrechtliche Vorgaben ignoriert oder ihre fiskalische Dimension als „rechtsstaatsakzessorisch" maskiert werden, um sie so als vermeintlich haushaltsneutral auszugeben.[181] Für ein derart überschießendes Vorgehen besteht schon deswegen kein Grund, da sich mit der Haushaltsautonomie ein normatives Gegeninteresse benennen lässt, mit dem einer Vollkonstitutionalisierung der Ressourcenverteilung begegnet werden kann. Nur das Offenlegen der fiskalischen Dimension ermöglicht eine Diskussion der sich hier stellenden Verteilungsfragen.

Während also die Herleitung, das „Ob", eines finanzwirksamen subjektiven Anspruchs – in Form von zusätzlichen Leistungen oder der Unterlassung von Kürzungen – sowie der konkret als Mindestposition geschuldete Leistungsinhalt von der einzelnen Freiheitsrechtsnorm her gewährleistungsspezifisch begründet werden muss, liegt es nahe, die Art und Weise, in der derartige finanzwirksame Ansprüche derzeit in der Rechtswissenschaft konstruktiv-begrifflich gefasst werden, stärker zu systematisieren.[182] Regelmäßig dürften hierfür die rechtstechnischen Kategorien von Leistungs- und Unterlassungsanspruch ausreichen; Kategorien wie „Teilhabe" oder „Förderpflicht" sind dagegen verzichtbar oder bedürfen einer stärkeren systematischen Durchdringung.[183]

Ebenfalls losgelöst von der konkreten Norm bestimmt sich, wie mit einmal überzeugend begründeten Ansprüchen im verfassungsgerichtlichen Forum weiter zu verfahren ist. Hier ist der vom Bundesverfassungsgericht schon seit langem beschrittene Weg der Prozeduralisierung letztlich ohne Alternative: Zum Schutz der Haushaltsautonomie muss das Gericht die Kontrolle, ob der Gesetzgeber seinen grundrechtlichen Leistungspflichten nachgekommen ist, jenseits von individuell überschaubaren Fällen auf Konsistenz- und Verfah-

---

[181] Zu dieser Taktik oben unter D. I. 1.

[182] Zu den zahlreichen derzeit in der Rechtsprechung gebrauchten Varianten s. o. in Fn. 59 bis 65.

[183] Letzteres gilt, soweit ihre Verwendung im Kontext der Finanzwirksamkeit betroffen ist, auch für den Begriff der Schutzpflicht. Ebenfalls erforderlich ist eine bessere Abstimmung der freiheitsrechtlichen Ansprüche mit Ansprüchen aus Art. 3 Abs. 1 GG, die häufig auf komplementäre Sachverhalte gerichtet sind, sowie eine klarere Abgrenzung der gewährleistungsspezifischen Ansprüche zu den auf Rechtfertigungsebene begründeten Ansprüchen (zu Unsicherheiten in der bisherigen Rechtsprechung an diesem Punkt vgl. oben Fn. 65).

rensgesichtspunkte beschränken.[184] Diese Art der Kontrolle darf nicht als nur minimale Einschränkung oder gar Ausweitung des gesetzgeberischen Gestaltungsspielraums missverstanden und deshalb leichthändig gebraucht werden.[185] Vielmehr hält sich das Bundesverfassungsgericht auch mit einer auf das Verfahren beschränkten Kontrolle im Spiel, wo der Grundsatz der Haushaltsautonomie Zurückhaltung gebietet. Doch ist dies eben der Preis dafür, dass die Mindestausstattung der Gerichte, der Umfang der sozialen Grundsicherung oder die Mittelzuweisung für Rundfunkanstalten grundrechtlich nicht neutral sind, eine klare Trennung von Freiheitsschutz und Kostenfrage also nicht möglich ist. Ob grundrechtliche Mindeststandards unterschritten oder gewahrt wurden, lässt sich zwar nur finanzwirksam entscheiden; doch muss vermieden werden, die fiskalischen Auswirkungen vor Gericht konkret zu beziffern oder gar das Gericht in einen Über-Haushaltsausschuss zu verwandeln.[186] Vielmehr ist diese Diskussion so weit wie möglich in den politischen Prozess zurückzugeben, dem allerdings gegebenenfalls kompensatorisch bestimmte Darlegungsobliegenheiten, Begründungs- und Beobachtungspflichten aufgegeben werden können.[187] In einer parlamentarischen Demokratie, die als politisches System auf Änderbarkeit angelegt ist und auf einer entwicklungsoffenen Gesellschaftsordnung basiert, wäre es prekär, durch die detaillierte verfassungsgerichtliche Festschreibung bestimmter Staatsleistungen die Fähigkeiten des Staates zu beschränken, sich dynamisch an eine Veränderung der Umstände anzupassen.

## III. Finanzwirksame Ansprüche als Gebote der Verhältnismäßigkeit

Das Bundesverfassungsgericht beschränkt sich nun nicht darauf, Ansprüche „originär" aus einzelnen Grundrechtstatbeständen abzuleiten. In bestimmten Fällen verpflichtet es Gesetzgeber und Verwaltung auch dann zu Leistungen, wenn die Verhältnismäßigkeit der Regelung anderweitig nicht gewahrt werden

---

[184] Dazu schon oben B. I. und B. II. Vgl. insbesondere BVerfGE 125, 175 – *Hartz IV*; 130, 263 – *W-Besoldung*.

[185] Vgl. auch *Bumke*, Die Pflicht zur konsistenten Gesetzgebung, Der Staat 49 (2010), S. 77 (80).

[186] Dazu näher unter E.

[187] Zu den Anforderungen an das innere Gesetzgebungsverfahren jüngst insbesondere BVerfGE 130, 263 (301 f.) – *W-Besoldung*. Zur umfangreichen Diskussion hierzu siehe nur *Bumke*, Die Pflicht zur konsistenten Gesetzgebung, Der Staat 49 (2010), S. 77 ff., sowie den Überblick bei *Voßkuhle*, in: von Mangoldt/Klein/Starck (Hrsg.), Kommentar zum Grundgesetz, Bd. III, 6 2010, Art. 93 Rn. 45.

kann.[188] Wie sich derartige Ansprüche in die Struktur der Verhältnismäßigkeitsprüfung einfügen und wie sie sich mit dem Schutz der Haushaltsautonomie vereinbaren lassen, blieb bisher offen; allein die Einordung der Haushaltsautonomie als bloßen „Belang" in eine sonst offene Abwägung hat sich als theoretisch wie praktisch unzureichend erwiesen. Beide Fragen sind dabei durchaus miteinander verbunden: Es ist nämlich die dogmatische Tiefenstruktur der Verhältnismäßigkeitsprüfung, die einen sehr weitgehenden, aber eben nicht absoluten Schutz der parlamentarischen Haushaltsautonomie garantiert.[189] So kann der Gesetzgeber regelmäßig autonom definieren, welche Mittel jenseits gewährleistungsspezifischer Vorgaben für den Schutz von Freiheitsrechten zur Verfügung gestellt werden; aber in Ausnahmefällen kann das Bundesverfassungsgericht einer unangemessenen Priorisierung von Haushaltsbelangen auch widersprechen. Oder umgekehrt: Nur in Ausnahmefällen werden fiskalische Folgen vom Gericht ignoriert. Um zu erschließen, wie dieser differenzierte Mechanismus funktioniert, der ganz anders strukturiert ist als dies die übliche Assoziation von Abwägung und gerichtlicher Usurpation des politischen Prozesses nahelegt[190], bedarf es einer ausführlichen Analyse erstens des Grundsatzes der Erforderlichkeit und zweitens des Angemessenheitsprinzips.[191]

---

[188] Dazu oben B. III.

[189] In diese Richtung auch bereits *Mehde*, Vorbehalt des Möglichen, 2000, S. 36 f.

[190] Vgl. zur klassischen, aber immer noch wirkmächtigen Kritik *Schlink*, Abwägung, 1976, sowie die Nachweise bei *Bumke*, Grundrechtsvorbehalt, 1998, S. 41 (mit der Formel vom „Abwägungsbrei"); *Schlink*, Der Grundsatz der Verhältnismäßigkeit, in: Badura/Dreier (Hrsg.), Bd. 2, 2001, S. 445 (460 ff.); *Rusteberg*, Gewährleistungsgehalt, 2009, S. 64 ff.; sowie – allerdings mit apologetischer Tendenz – *Klatt/Schmidt*, Abwägung unter Unsicherheit, AöR 137 (2012), S. 545 (547 mit Fn. 7 und 8).

[191] Allgemein zur Verhältnismäßigkeitsprüfung vgl. neben den soeben in Fn. 190 genannten Werken nur die Darstellungen bei *Gentz*, Zur Verhältnismäßigkeit von Grundrechtseingriffen, NJW 1968, S. 1600 ff.; *Hirschberg*, Verhältnismäßigkeit, 1981; *Alexy*, Theorie der Grundrechte, 1994, S. 100 ff.; *Clérico*, Struktur, 2001; *Bumke/Voßkuhle*, Casebook, [6]2013 Rn. 123 ff. Zu der hier für die einzelnen Stufen der Verhältnismäßigkeitsprüfung gewählten Terminologie vgl. *Bumke*, Grundrechtsvorbehalt, 1998, S. 41. Zur mittlerweile ausführlich beschriebenen rasanten globalen internationalen Verbreitung des Verhältnismäßigkeitsgrundsatzes als eines Maßstabes zur Überprüfung des gesetzgeberischen Handelns vgl. nur *Knill/Becker*, Divergenz trotz Diffusion?, Die Verwaltung 36 (2003), S. 447 ff.; *Klatt/Meister*, Verhältnismäßigkeit, Der Staat 51 (2012), S. 159 ff.; *Saurer*, Globalisierung, Der Staat 51 (2012), S. 3 ff.; sowie die Übersichtsdarstellungen bei *Schlink*, Proportionality (1), in: Rosenfeld/Sajó (Hrsg.), Oxford Handbook of Comparative Constitutional Law, 2012, S. 718 ff.; *Barak*, Proprtionality (2), in: Rosenfeld/Sajó (Hrsg.), Oxford Handbook of Comparative Constitutional Law, 2012, S. 738 ff. Instruktiv zu einzelnen Rechtsräumen *Koch*, Verhältnismäßigkeit, 2003 (für die EU); *Grimm*, Proportionality, University of Toronto Law Journal 57 (2007), S. 383 ff. (für Kanada); *Cohen-Eliya/Porat*, Hidden Foreign Law Debate, San Diego Law Review (2009), S. 367 ff. (für die USA). Vor allem *Möller*, The Global Model of Constitutional Rights, 2012, S. 99 ff., und *Kumm*, Democracy is not enough, New York University Public Law and Legal Theory Working Papers, Paper 118 (2009), S. 1 ff., versuchen dabei die Verhältnis-

### *1. Der Grundsatz der Erforderlichkeit: Finanzwirksames Optimierungsprinzip oder haushaltsneutrale Sicherung gesetzgeberischer Minimalrationalität?*

Vielfach ist die Nähe der Erforderlichkeitsprüfung zu ökonomischen Entscheidungsmodellen betont worden.[192] Müsste dann aber nicht gerade hier der fiskalischen Dimension von Grundrechtseingriffen besondere Aufmerksamkeit gelten? Zwar gilt die Erforderlichkeit vielfach als „dogmatisch sicherster Teil der Verhältnismäßigkeitsprüfung".[193] Doch wird nur selten hervorgehoben, dass finanzwirksame Alternativen konsequent aus der Suche nach einem möglichen „milderen Mittel" ausgeklammert werden. Und noch seltener wird erkannt, dass gerade durch das Ausblenden der fiskalischen Dimension die gesetzgeberische Haushaltsautonomie geschützt wird. Ohne die dogmatische Weichenstellung, die dafür verantwortlich ist, wäre nun nicht nur die Erforderlichkeitsprüfung eine andere; auch die Haushaltsautonomie stünde, soweit Grundrechte betroffen sind, nur noch auf dem Papier. Was also ist die Erforderlichkeitsprüfung?

#### *a) Stufen der Erforderlichkeit*

Nach herkömmlichem Verständnis gilt ein gesetzgeberisches Mittel dann als erforderlich, „wenn der Gesetzgeber nicht ein anderes, gleich wirksames, aber das Grundrecht nicht oder doch weniger fühlbar einschränkendes Mittel hätte wählen können".[194] Diese Formel fordert vom Rechtsanwender vier verschiedene Operationen. *Erstens* setzt die Erforderlichkeitsprüfung, wie alle anderen Stufen der Verhältnismäßigkeitsprüfung, eine spezifische *Konstruktion* von Wirklichkeit voraus: Die ungeheure Masse an Ereignissen in der sozialen Wirklichkeit, die dem Erlass einer Rechtsnorm vorausgehen, und an Folgen, die sich an den Normerlass knüpfen, wird als Zweck/Mittel-Relation strukturiert.[195]

---

mäßigkeit als Kern einer neuen, möglicherweise sogar einer universalen Grundrechtstheorie zu etablieren. Vgl. auch *Petersen*, Verhältnismäßigkeit als Rationalitätskontrolle, 2015.

[192] Vgl. nur ganz beispielhaft *Lüdemann*, Ökonomisches Wirtschaftsrecht und ökonomisches Wissen, in: Augsberg (Hrsg.), Extrajuridisches Wissen im Verwaltungsrecht, 2013, S. 121 (129 m. w. N.), sowie auch die Literatur unten Fn. 221.

[193] *Möllers*, Wandel der Grundrechtsjudikatur, NJW 2005, S. 1973 (1975); vgl. auch *Schlink*, Der Grundsatz der Verhältnismäßigkeit, in: Badura/Dreier (Hrsg.), Bd. 2, 2001, S. 445 (455 ff.); sowie die Hinweise bei *Reimer*, „... und machet zu Jüngern alle Völker"?, Der Staat 52 (2013), S. 27 (33).

[194] Siehe nur etwa BVerfGE 30, 292 (316) – *Erdölbevorratung*. Weitere Nachweise aus der Rechtsprechung etwa bei *Clérico*, Struktur, 2001, S. 74. Ausführlicher zur Erforderlichkeitsprüfung siehe auch *von Arnauld*, Die Freiheitsrechte und ihre Schranken, 1999, S. 236 ff.; *Michael/Morlok*, Grundrechte, ⁴2014, S. 307 f.

[195] Zu diesem konstruktiven Akt als Bedingung jeder Zweck/Mittel-Relationierung *Hirschberg*, Verhältnismäßigkeit, 1981, S. 43 ff.

Aus dieser Komplexität werden die Momente isoliert, die sich plausibel in das Schema einer zweckgerichteten Handlung des Gesetzgebers einpassen lassen.

Was dabei als „Zweck" einer Norm gelten kann, wird *zweitens* in einem von Wertungen nicht freien hermeneutischen Verfahren identifiziert. Die Zweck/Mittel-Terminologie leitet die Rechtsanwendung insoweit an, als die Rekonstruktion kollektiv-intentionaler Einstellungen („Zwecksetzungen") des Gesetzgebers gefordert ist.[196] Die Auszeichnung als Zweck (und nicht als Mittel) erfolgt im demokratischen Verfassungsstaat in den aufeinander bezogenen Verfahren von Rechtserzeugung und Rechtsanwendung.[197]

*Drittens* muss der Rechtsanwender die (hypothetischen) Kausalzusammenhänge der von ihm als möglich identifizierten Zwecke und Mittel untersuchen;[198] aus der Menge potentieller Konstruktionen sind bestimmte Kausalverläufe herauszuheben, d. h. es sind „alle vernünftigerweise in Betracht kommenden Mittel" auf ihre Eignung zu prüfen.[199] Das Zweck/Mittel-Schema wird insoweit in seiner Funktion als Technik zur Strukturierung aktualisierter oder potentieller Wirklichkeit verwendet. Das Gericht hat hier prinzipiell im Nachvollzug der vom Gesetzgeber angestellten Erwägungen eine Vielzahl empirischer Folgenabschätzungen vorzunehmen, deren Bezugspunkte die regulatorischen Ziele einerseits und die dafür gewählten bzw. alternativ in Frage kommenden Regulierungsstrategien andererseits darstellen.

*Viertens* verlangt die Erforderlichkeitsprüfung, aus der erstellten Matrix tatsächlicher und möglicher Kausalverläufe diejenigen herauszufiltern, die die als relevant identifizierte Rechtsposition aus der Sicht des Bewertenden am wenigsten beeinträchtigen und dennoch die maßgeblichen Regulierungsziele voll verwirklichen. Dieser Vorgang knüpft, wie *Hirschberg* herausgearbeitet hat, „gedanklich an eine Skala an, auf der die verschiedenen (gleich geeigneten) Maßnahmen geordnet werden je nach dem Grad der Belastung des (der) Be-

---

[196] Vgl. zu einem sozialtheoretisch informierten und rechtspraktisch validierten Begriff von Rechtsetzung als kollektiv intentionaler Handlung: *Wischmeyer*, Zwecke im Recht des Verfassungsstaates, 2015, S. 225 ff., 377 ff.

[197] Regelmäßig ist dieser Vorgang mit der Diffusität und der Pluralität der mit der Rechtsetzung verbundenen Zwecke konfrontiert. Hierzu ausführlich *Hirschberg*, Verhältnismäßigkeit, 1981, S. 162 ff.; *Clérico*, Struktur, 2001, S. 89 ff. Vgl. plastisch zur Bedeutung der Festlegung des maßgeblichen Zwecks bei einer multi-polaren Interessenkonstellationen die Entscheidung des South African Constitutional Court in *S. v. Manamela*, 2000 (3) SA 1 (CC), aufbereitet bei *Barak*, Proportionality, 2012, S. 331 ff.

[198] *Hirschberg*, Verhältnismäßigkeit, 1981, S. 44 f., 47, 158.

[199] Vgl. *Hirschberg*, Verhältnismäßigkeit, 1981, S. 59, der auch ebd., S. 61, auf ein entsprechendes Vorgehen des BVerfG in der Entscheidung BVerfGE 30, 292 (315 ff.) – *Erdölbevorratung*, verweist. Vgl. zu weiteren Entscheidungen mit dieser Stoßrichtung die Nachweise bei *Clérico*, Struktur, 2001, S. 77 f. mit Fn. 244.

troffenen".[200] Diese Auswahl sowie vor allem die Festlegung, welcher Eingriff am wenigsten intensiv ist, kann nur wertend erfolgen.[201]

### b) Erforderlichkeit als finanzwirksames Optimierungsprinzip?

Prima facie nötigt eine Untersuchung „aller vernünftigerweise in Betracht kommenden Mittel" den Rechtsanwender zu einer umfassenden Kosten/Nutzen-Analyse von staatlichen Eingriffsmaßnahmen bzw. zu einer „komparativen Instrumentenanalyse"[202]. Bei der Evaluation der tatsächlich gewählten und der potentiell in Frage kommenden Regulierungsalternativen wäre dann der für jede Alternative erforderliche Haushaltsaufwand als ein Bewertungsgesichtspunkt in die Erforderlichkeitskontrolle einzustellen; dieser erhält seine verfassungsrechtliche Wertigkeit aus dem Grundsatz der Haushaltsautonomie sowie auch aus dem Effizienzprinzip.[203] Die Kosten für eine noch verhältnismäßige Absicherung von Grundrechtseingriffen und die dadurch erzielten Grundrechtsgewinne wären dabei zueinander in ein Verhältnis zu setzen.

So wäre etwa zu prüfen, ob statt des vom Gesetzgeber gewählten hoheitlichen Regulierungsmodells – wie die Anordnung eines präventiven Verbots mit Erlaubnisvorbehalt – nicht als grundrechtsschonendere Variante ein Modell hoheitlich regulierter gesellschaftlicher Selbstregulierung hätte gewählt werden müssen. Die jeweiligen sozialen Kosten und der Verwaltungsaufwand müssten eruiert und in die Prüfung eingestellt werden.[204] Dabei könnte sich durchaus das für den Staat teurere als das grundrechtsschonendere Modell erweisen und wäre dementsprechend vom Gesetzgeber umzusetzen. Ganz in diesem Sinne könnte auch eine Person, gegen die ein Gericht wegen einer rechtswidrigen Tat die Unterbringung angeordnet hat, vortragen, die gesetzliche Fristenregelung für eine Prüfung der weiteren Vollstreckung der Unterbringung nach § 67e Abs. 2 StGB sei nicht „erforderlich", da auch eine Halbierung der gesetzlichen Mindestfristen möglich sei. Dies mildere die Intensität des Freiheitseingriffs offensichtlich ab; es sei zudem, was die Feststellung des weiteren Unterbringungsbedarfs angehe, gleich oder sogar, weil eine präzisere Bestimmung erlaubend, besser geeignet als die bisherige Regelung. Was den finanziellen Mehrbe-

[200] *Hirschberg*, Verhältnismäßigkeit, 1981, S. 65. Ein nach Betroffenheitsgruppen differenzierteres Modell entwirft *von Arnauld*, Die Freiheitsrechte und ihre Schranken, 1999, S. 237 f.

[201] Vgl. hierzu illustrativ am Beispiel von Entscheidungen des EGMR: *Gerards*, How to improve, ICON 11 (2013), S. 466 (484 ff.).

[202] *Lüdemann*, Ökonomisches Wirtschaftsrecht und ökonomisches Wissen, in: Augsberg (Hrsg.), Extrajuridisches Wissen im Verwaltungsrecht, 2013, S. 121 (129).

[203] Zum Effizienzprinzip vgl. die Nachweise oben Fn. 100.

[204] In diese Richtung argumentieren etwa *Holmes/Sunstein*, The Cost of Rights, 1999, S. 101 f., 220 ff.

darf betreffe, der möglicherweise durch die Verkürzung der Begutachtungsfristen entstehe, müsste dann im verfassungsgerichtlichen Verfahren geprüft werden, ob die hierdurch entstehenden Belastungen für den Staatshaushalt tatsächlich derart erheblich wären, dass die Freiheitsgewinne des Betroffenen dadurch kompensiert würden.

### *c) Erforderlichkeit als Sicherung gesetzgeberischer Minimalrationalität*

Entspräche dieses Verständnis, das ebenso zwanglos wie konsequent aus der üblichen Formel von der Erforderlichkeit folgt, der Rechtslage, wäre die gesetzgeberische Haushaltsautonomie weitgehend Makulatur. Die Freiheit des Gesetzgebers, über das Budget zu disponieren und Gestaltungsprioritäten zu definieren, fände in der verfassungsgerichtlichen Kosten/Nutzen-Analyse ihre Grenze.[205] Dass dies nicht der Fall ist, beruht nun vor allem darauf, dass Rechtswissenschaft und Praxis die Erforderlichkeitsprüfung in einer Weise qualifizieren, die es von vornherein ausschließt, die fiskalische Dimension des Grundrechtseingriffs zu thematisieren.

Das Bundesverfassungsgericht stellt allerdings nur selten ausdrücklich klar, dass in der Erforderlichkeitsprüfung keineswegs „alle vernünftigerweise in Betracht kommenden Mittel" einer Vergleichsanalyse zu unterziehen sind, sondern dass für den Gesetzgeber teurere Maßnahmen von vornherein aus der Begutachtung ausgeschlossen werden. Allgemein „fixiert" es zwar in der Prüfung der Gleichgeeignetheit die vom Gesetzgeber gewählten Regulierungsziele und fragt so nur nach der „effizientesten" Art ihrer Umsetzung.[206] In diesem Zusammenhang stellt es aber nur selten darauf ab, dass der Gesetzgeber eben eine sparsame Alternative gewählt habe, weshalb dann eine teurere Maßnahme schon nicht gleich geeignet sein kann.[207] Doch wenn Beschwerdeführer auf mildere, aber für den Staat teurere Regulierungsalternativen verweisen, also etwa

[205] Dazu auch näher unter E.

[206] Auch jenseits des fiskalischen Aspekts fasst das Bundesverfassungsgericht das Kriterium der „Gleichgeeignetheit" im Übrigen sehr restriktiv. So gilt das vom Gesetzgeber gewählte Maß der Zweckerreichung im Regelfall als „unantastbar" (*Dechsling*, Verhältnismäßigkeitsgebot, 1989, S. 55 f. m. w. N.; für ein aktuelles Beispiel siehe BVerfGE 128, 1 (51 f.) – *Gentechnikgesetz*). Hinzu kommt der weitgehende „Beurteilungs- und Prognosespielraum", der dem Gesetzgeber bei der Eignungsprüfung sowohl in epistemischer wie auch in normativer Hinsicht zugestanden wird (ebd., S. 51; dazu nur *Hirschberg*, Verhältnismäßigkeit, 1981, S. 52 f., 62 ff., je m. w. N.). Da echte Politikalternativen regelmäßig mit leichten Veränderungen an der Effektivität gegenüber der vom Gesetzgeber gewählten Maßnahme einhergehen werden, ist eine Alternativenprüfung schon aus diesem Grund nur sehr einschränkt möglich (dazu *Clérico*, Struktur, 2001, S. 76 ff.; kritisch zu den damit verbundenen Konsequenzen *Möller*, Proportionality, ICON 10 (2012), S. 709 (713)).

[207] Zu dieser Konstellation vgl. oben Fn. 109.

darauf, dass der Gesetzgeber statt ein Verbot der gefährlichen Tätigkeit auszusprechen die behördliche Aufsicht zur Bekämpfung etwaiger Missstände hätte stärken können, hält das Gericht dem regelmäßig die bereits in der Einleitung zitierte Formel entgegen, dass solche finanzwirksamen Maßnahmen für den Gesetzgeber „unzumutbar" seien; der Einzelne könne nicht damit rechnen, dass die „öffentlichen Mittel über das vernünftigerweise von der Gesellschaft erwartbare Maß hinaus für die Bekämpfung von Mißständen verwendet" würden.[208] Am deutlichsten wird das Gericht, wenn Beschwerdeführer auf den Steuerzahler verweisen, der an ihrer Statt die Last tragen solle. Dann heißt es vergleichsweise deutlich: „Mildere Mittel sind nicht solche, die eine Kostenlast lediglich verschieben."[209] „Milder" ist vielmehr nur eine „weniger eingreifende Regelung, die ebenso effektiv und für die öffentliche Hand kostengünstig ist".[210] In den allermeisten Fällen thematisiert das Gericht potentielle, den Haushalt belastende Entscheidungsalternativen jedoch gar nicht erst. So zieht es etwa in der *Pflichtexemplar*-Entscheidung bei der Prüfung der Ablieferungspflicht eine Kaufoption des Staates als zur Erreichung des kulturpolitischen Ziels gleich geeignete, für den Grundrechtsbetroffenen mildere, aber eben mit Kosten für die öffentliche Hand verbundene Alternative mit keinem Wort in Erwägung.[211] Und nur in sehr seltenen Fällen und bei ganz unerheblichen Mehrkosten setzt sich das Gericht über die eigenen Grundsätze hinweg, ohne allerdings eine nähere Begründung für die abweichende Behandlung zu geben.[212]

---

208 BVerfGE 119, 59 (86) – *Hufversorgung*; sowie schon BVerfGE 77, 84 (110f.); 81, 70 (91f.) – *Rückkehrverbot für Mietwagen*; in der Sache etwa auch BVerfGE 118, 168 (194) – *Kontostammdaten*. Zur Problematik des Begriffs der „Zumutbarkeit" in diesem Zusammenhang vgl. bereits oben Fn. 96. Was gemeint ist, bringt etwa BVerfGE 88, 145 (164) – *Vergütung des Konkursverwalters*, wie folgt auf den Punkt: „Eine Übernahme der Verfahrenskosten durch die Staatskasse würde die Lasten nicht mindern, sondern nur umverteilen und ist deshalb bei der Frage der Erforderlichkeit nicht zu berücksichtigen".

209 Vgl. BVerfGE 103, 172 (183f.) – *Altersgrenze für Kassenärzte*; 109, 64 (86) – *Mutterschaftsgeld II*; 125, 260 (360) – *Vorratsdatenspeicherung*. Ebenso für Kosteneinsparungen: BVerfGE 116, 96 (127) – *Fremdrentengesetz*; 117, 272 (298 f). Vgl. dazu auch *Schulze-Fielitz*, in: Dreier (Hrsg.), Grundgesetz, Bd. II, ²2006, Art. 20 (Rechtsstaat), Rn. 183; *Ortmann*, Finanzwirksamkeit, 2007, S. 406f. Soweit teilweise zwischen Rechten Dritter und Positionen der Allgemeinheit differenziert wird, weist *Borowski*, Grundrechte als Prinzipien, ²2007, S. 181 Fn. 105, zutreffend darauf hin, dass auch Belastungen, die „allein" den Haushalt treffen, zu Belastungen für Dritte führen, da „höhere Staatsausgaben" eine höhere Steuerlast bedingen, was wiederum die allgemeine Handlungsfreiheit aus Art. 2 Abs. 1 GG berührt.

210 BVerfGE 125, 260 (360) – *Vorratsdatenspeicherung*.

211 Hierzu auch unter dem hier interessierenden Aspekt *Mehde*, Vorbehalt des Möglichen, 2000, S. 12f. Vergleiche zur entsprechenden Praxis des EGMR am Beispiel der Entscheidung *Pretty v. United Kingdom* (Az.: 2346/02), Rn. 74ff.: *Möller*, The Global Model of Constitutional Rights, 2012, S. 195.

212 Dazu schon *Dechsling*, Verhältnismäßigkeitsgebot, 1989, S. 63f. Dies gilt insbesondere für einige ältere Entscheidungen zu Art. 12 GG, so etwa BVerfGE 40, 371 (383) – *Werbefahr-*

Wenn aber politische Entscheidungen regelmäßig auf Verteilungsprobleme reagieren und gleichzeitig Alternativen, die mit höheren Kosten für den Staat, die Allgemeinheit oder Dritte einhergehen, in der Erforderlichkeitsprüfung nicht zu berücksichtigen sind, lässt sich diese nicht mehr sinnvoll als umfassender Alternativenvergleich oder als Kosten/Nutzen-Analyse verstehen.[213] Kontrolliert wird hier vielmehr, ob ein offensichtlicher Fehler vorliegt, ob das Gesetz mit dem Zweck kompatible Ausnahme- oder Befreiungsklauseln vorsieht oder ob etwaige starre Quantifizierungen hinreichend fundiert sind.[214] Die Erforderlichkeitsprüfung dient also allein dazu, eindeutig irrationales gesetzgeberisches Handeln zu verhindern.

Aus zwei Gründen liegt in dieser Beschränkung der Erforderlichkeitsprüfung nun gerade ihre Stärke. Erstens bestehen ihre Leistungsfähigkeit[215] und ihr

---

*ten*, wonach ein „generelles und absolutes" Verbot von Werbefahrten nicht erforderlich sein soll, sofern dem gesetzgeberischen Ziel „ohne Beeinträchtigung der öffentlichen Belange durch ein Erlaubnisverfahren mit Verbotsvorbehalt in ausreichender Weise Rechnung getragen werden" kann. Ebenso ist ein Kennzeichnungsgebot für Lebensmittel sicherlich nicht im oben angeführten (vgl. Fn. 206) strengen Sinne „gleich geeignet" wie ein Vertriebsverbot, vgl. aber BVerfGE 53, 135 (145 f.) – *Kakao-VO*. Näherer Untersuchung bedürfte etwa, ob die Einrichtung von „in camera"-Verfahren (BVerfGE 101, 106 (128) – *Akteneinsichtsrecht im Verwaltungsprozess*) kostenneutral erfolgen konnte.

[213] Ausführlich dazu bereits *Clérico*, Struktur, 2001, S. 121 ff. Besonders klar auch *Mehde*, Vorbehalt des Möglichen, 2000, S. 42; *Kischel*, Die Begründung, 2003, S. 193 ff.; *Borowski*, Grundrechte als Prinzipien, ²2007, S. 188 (mit Fn. 134); *Hillgruber*, Grundrechtsschranken, HStR IX, ³2011, § 201 Rn. 64. Daneben aus der Kommentarliteratur *Schulze-Fielitz*, in: Dreier (Hrsg.), Grundgesetz, Bd. II, ²2006, Art. 20 (Rechtsstaat), Rn. 183; *Jarass*, in: Jarass/Pieroth, GG, ¹¹2011, Art. 20 Rn. 85; *Sachs*, in: ders. (Hrsg.), Grundgesetz, ⁷2014, Art. 20 Rn. 152 f. Repräsentativ für den globalen Diskurs *Barak*, Proportionality, 2012, S. 324 f.: „The necessity test cannot be used as a pretext for selecting a less limiting measure when the latter would lead to an expenditure of state funds, a re-ordering of the national budgetary priorities, or to further limitations on other rights of the same person or of the rights of others". Dagegen will *Dechsling*, Verhältnismäßigkeitsgebot, 1989, S. 63 ff., Fälle, in denen durch den Einsatz von Haushaltsmitteln eine grundrechtsschonendere Regelung getroffen werden könnte, auf der Erforderlichkeitsebene einer an einem „modifizierten Kaldor-Hicks-Kriterium" orientierten Kompensationsprüfung unterziehen. Damit wird jedoch lediglich ein Teil der Angemessenheitsprüfung in die Erforderlichkeitsprüfung verschoben (so zu Recht *Clérico*, Struktur, 2001, S. 118). *Von Arnauld*, Die Freiheitsrechte und ihre Schranken, 1999, S. 239 ff., differenziert zwischen der an Art. 3 Abs. 1 GG zu würdigenden (alternativen) Belastung Dritter und der Verlagerung von Lasten auf die Allgemeinheit, verweist hinsichtlich der letzteren jedoch ebenfalls auf die Angemessenheitsebene.

[214] Zu dieser Konsequenz siehe *Dechsling*, Verhältnismäßigkeitsgebot, 1989, S. 53; *Huster*, Rechte und Ziele, 1993, S. 433; *Clérico*, Struktur, 2001, S. 114; *Möller*, The Global Model of Constitutional Rights, 2012, S. 194 ff.

[215] Dass die Leistungsfähigkeit des Erforderlichkeitsprinzips gerade auch darauf beruht, dass sein Anwendungsbereich eng begrenzt ist, betont schon *Hirschberg*, Verhältnismäßigkeit, 1981, S. 170 ff. Kritisch zur Leistungsfähigkeit *Petersen*, How to Compare, German Law Journal 14 (2013), S. 1387 (1394 ff.).

„spezifischer Rationalitätsgehalt" darin, dass der durch die Regulierung verfolgte Zweck (oder „Nutzen") nicht relativ zum „Mittel" (oder den „Kosten") gewichtet wird, also beide Werte nicht miteinander „abgewogen" werden.[216] Die Erforderlichkeitsprüfung dient nicht der Kontrolle, ob ein mehrdimensionales Wertungsproblem eine optimale Lösung gefunden hat, sondern schützt den elementaren Grundsatz, dass kein Eingriffsmittel ohne Grund gewählt werden darf.[217] Verstöße dagegen lassen sich zwar nicht wertungsfrei, jedoch regelmäßig einfacher diagnostizieren, so dass entsprechende Entscheidungen tendenziell konsensfähiger sind. Dadurch kann die Erforderlichkeitsprüfung als wichtiges Reservekorrektiv in einer vielfach durch grundlegende Dissense über Werte geprägten Ordnung fungieren.[218] Dass in der Praxis nur selten ein Verstoß gegen den Grundsatz der Erforderlichkeit festgestellt wird, heißt also nicht, dass er überflüssig wäre. Allenfalls bestätigt sich damit die durchschnittliche Qualität der Rechtsetzung im demokratischen Verfassungsstaat.[219]

Wichtiger ist vorliegend aber der zweite Grund. Indem finanzrelevante Alternativen aus der Prüfung ausgeblendet werden, wird die Verteilungsentschei-

---

[216] *Voßkuhle*, Kompensationsprinzip, 1999, S. 370 Fn. 57. Vgl. auch *Alexy*, Constitutional Rights, Balancing, and Rationality, Ratio Juris 16 (2003), S. 131 (136) (ähnlich bereits auch *ders.*, Theorie der Grundrechte, 1994, S. 101 f. mit Fn. 86); *Grimm*, Proportionality, University of Toronto Law Journal 57 (2007), S. 383 (395) (mit Kritik an der Handhabung der Erforderlichkeitsprüfung durch den *Supreme Court of Canada*). Ähnlich im Grundsatz auch *Dechsling*, Verhältnismäßigkeitsgebot, 1989, S. 62 f.; offener dagegen *Sachs*, in: ders. (Hrsg.), Grundgesetz, [7]2014, Art. 20 Rn. 153. Dieses Verständnis der Erforderlichkeitsprüfung hat sich erst allmählich durchgesetzt. So enthalten etwa verschiedene der bei *Lerche*, Übermaß, 1961, S. 164 ff., unter dem Stichpunkt „Erforderlichkeit" diskutierten Fallgruppen durchaus Abwägungselemente. Dies verwundert nicht, da sich die Bindung des Gesetzgebers an den Verhältnismäßigkeitsgrundsatz historisch vom Erforderlichkeitsprinzip aus entwickelt hat, das anfangs oft auch als „Verhältnismäßigkeitsprinzip" firmierte; dies macht für die Anfangszeit die Unterscheidung von Erforderlichkeit und Abwägung schwierig (dazu näher *Hirschberg*, Verhältnismäßigkeit, 1981, S. 10 ff. (insbes. S. 12 Fn. 68); *Bumke*, Grundrechtsvorbehalt, 1998, S. 144 f.). Zur allmählichen Evolution des Prüfungsstandards in der Rechtsprechung des Bundesverfassungsgerichts vgl. *Grabitz*, Verhältnismäßigkeit, AöR 98 (1973), S. 568 ff.

[217] So zu Recht bereits *von Arnim*, Wirtschaftlichkeit, 1988, S. 55, der festhält, dass das Erforderlichkeitsprinzip „gleichbedeutend mit dem Minimalprinzip" ist. Zu dem im Vergleich zur offeneren Angemessenheitsprüfung stärker ausgeprägten „Regelcharakter" der Erforderlichkeitsprüfung: *Hirschberg*, Verhältnismäßigkeit, 1981, S. 37, 58 f.; *Hofmann*, Abwägung, 2007, S. 172; und bereits *Grabitz*, Verhältnismäßigkeit, AöR 98 (1973), S. 568 (583).

[218] Vgl. für den verbleibenden Anwendungsbereich *Hirschberg*, Verhältnismäßigkeit, 1981, S. 17.

[219] Vgl. aber etwa BVerfGE 103, 1 (17 ff.) – *Singularzulassung zum OLG* (hier hatte bereits der Gesetzgeber erhebliche Zweifel an der Notwendigkeit der Regulierung); sowie jüngst aus der Rechtsprechung BVerfGE 130, 151 (208 f.) – *Zuordnung dynamischer IP-Adressen*, wonach eine Pflicht zur Auskunftserteilung dann nicht erforderlich ist, wenn auch Daten erfasst werden, für deren Nutzung gar keine Rechtsgrundlage besteht. Weitere Nachweise bei *Dreier*, in: ders. (Hrsg.), Grundgesetz, Bd. I, [3]2013, Vorb. Rn. 148.

dung des Gesetzgebers bis an die Grenze offener Irrationalität hin akzeptiert. Gerade die Beschränkung der Erforderlichkeitsprüfung auf die Kontrolle von Minimalrationalität sichert also die gesetzgeberische Haushaltsautonomie. Vergleichbares ist nun auch bei der Anwendung des Kriteriums der Angemessenheit zu beobachten. Daher wird auf diesen Punkt noch einmal aus einer allgemeineren Perspektive zurückzukommen sein.[220]

*d) Pareto-Optimalität und Abwägungsverbot*

Dem vorliegend gezeichneten Befund widerspricht es nicht, wenn man – wie verbreitet – das Erforderlichkeitsgebot als Kontrolle des Gesetzgebers am Maßstab der Pareto-Optimalität bestimmt; vielmehr besteht darin gerade der eigentliche, oft missverstandene Kern der Pareto-These.[221] Pareto-Optimierung ist eine „multi-objective optimization", also die Optimierung von Entscheidungen, die Auswirkung auf die Verwirklichung wenigstens zweier Güter haben.[222] Ziel jeder Pareto-Optimierung ist, die Menge sogenannter „Pareto-optimaler" Entscheidungsalternativen zu identifizieren, die beide Güter – in multipolaren Konstellationen auch mehr – je möglichst weitgehend verwirklichen. Zustände sind dann Pareto-optimal, wenn es nicht möglich ist, ein Gut stärker zu verwirklichen, ohne dass dies zugleich zu Lasten eines anderen Gutes geht.[223]

Aus der gesetzgeberischen Handlungsperspektive bildet die Menge an Pareto-optimalen Zuständen nun, untechnisch gesprochen, die Grenze zwischen unrealistischen und ineffizienten Handlungsoptionen. Aus der gerichtlichen Kontrollperspektive wiederum führt die Beschränkung der Prüfung darauf, ob die gesetzgeberische Entscheidung dem Kriterium der Pareto-Optimalität genügt, zu zwei Einschränkungen. Erstens kann eine derartige Prüfung nicht

---

[220] Dazu näher unter E.

[221] Für ein entsprechendes Verständnis der Erforderlichkeitsprüfung vgl. insbesondere die Ausführungen bei *Schlink*, Abwägung, 1976, S. 181 ff.; dann auch *Hirschberg*, Verhältnismäßigkeit, 1981, S. 58, 172 ff.; ähnlich auch *Alexy*, Theorie der Grundrechte, 1994, S. 149 ff.; *Clérico*, Struktur, 2001, S. 111 ff.; *Alexy*, Constitutional Rights, Balancing, and Rationality, Ratio Juris 16 (2003), S. 131 (135 f.); *Borowski*, Grundrechte als Prinzipien, ²2007, S. 188; *Petersen*, How to Compare, German Law Journal 14 (2013), S. 1387 (1394).

[222] Dieser „Kern" charakterisiert die verschiedenen in Umlauf befindlichen Varianten der Theorie des Pareto-Prinzips (dazu *Bix*, Jurisprudence, ⁴2006, S. 181). Zu den normativen Schwächen und Stärken des Pareto-Prinzips vgl. nur *Mathis*, Effizienz statt Gerechtigkeit?, ³2009, S. 52 ff. m. w. N.; sowie etwa jüngst *Daniel A. Farber*, Autonomy, Welfare, and the Pareto Principle (8. Februar 2014), UC Berkeley Public Law Research Paper No. 2392859, abrufbar unter http://ssrn.com/abstract=2392859.

[223] Vgl. die Definition nach *Amartya Sen* bei *Gosepath*, „Equality", in: The Stanford Encyclopedia of Philosophy, Spring 2011 Edition: „A social condition is pareto-optimal or pareto-efficient when it is not possible to shift to another condition judged better by at least one person and worse by none".

mehr das vom Gesetzgeber festgelegte Maß der Verwirklichung des als „Zweck" ausgezeichneten ersten Gutes hinterfragen, da das Pareto-Kriterium hierfür schlicht keinen Maßstab angibt. Zweitens wird das gesetzgeberische Handeln gerade keiner umfassenden Kosten/Nutzen-Analyse unterzogen, die sich etwa am Kaldor/Hicks-Kriterium oder vergleichbaren Kompensationskriterien orientieren würde.[224] Gesetzgeberische Entscheidungen werden also allein daraufhin überprüft, ob sie relativ zu dem von ihnen verfolgten Gut 1 („Zweck") das betroffene Gut 2 („Mittel") möglichst wenig beeinträchtigt haben. Dagegen muss sich der Gesetzgeber solche Alternativen nicht entgegenhalten lassen, die zwar in der Gesamtsicht zu einem Weniger an Gütereinbußen führen, jedoch Einzelne oder die Allgemeinheit mehr belasten. Finanzwirksame Regulierungsalternativen sind aus der Kontrollperspektive stets irrelevant, da sie einen „interpersonellen Nutzenvergleich" notwendig machen, der durch die Beschränkung auf das Pareto-Kriterium eben ausgeschlossen werden soll; gerade darin liegt die Rationalität der Pareto-Prüfung.[225] Während also aus der Handlungsperspektive noch eine *Menge* an Pareto-optimalen Zuständen existiert, ist aus der Kontrollperspektive nur ein *Punkt* auf dieser Verteilungskurve relevant.[226] Damit beschreibt die Deutung der Erforderlichkeitsprüfung als Pareto-Optimierung exakt das beschränkte Prüfungsprogramm, das soeben als ihr Spezifikum herausgearbeitet wurde.

### 2. *Der Grundsatz der Angemessenheit: Finanzwirksame Sicherung von Mindestpositionen statt freier Abwägung*

Auch bei der Prüfung der Angemessenheit wird nun die gesetzgeberische Entscheidung nicht daran gemessen, ob eine kostenintensivere, aber grundrechtsschonendere Variante möglich gewesen wäre. Zwar ist die Angemessenheitsprüfung dadurch charakterisiert, dass Mittel und Zweck gegeneinander abzuwägen sind und dass „bei einem Überwiegen der mit dem Mitteleinsatz verbundenen Nachteile die erwogene Maßnahme zu unterbleiben" hat.[227] Doch werden in dieser Abwägung nicht verschiedene Regulierungsalternativen und

---

[224] Nach dem Kaldor-Hicks-Kriterium sind Maßnahmen effizient, wenn sie selbst bei einer Kompensation der Verlierer zumindest einen Akteur gegenüber dem status quo besser stellen; das ist immer dann der Fall, wenn die Gewinner ihre Gewinne höher bewerten als die Verlierer ihre Verluste. Zu dieser Definition, dem Kriterium und seinen Problemen vgl. nur *Mathis*, Effizienz statt Gerechtigkeit?, [3]2009, S. 56ff.

[225] Vgl. dazu *Dechsling*, Verhältnismäßigkeitsgebot, 1989, S. 53.

[226] Hier konvergieren die Rekonstruktionen der Erforderlichkeitsprüfung als Suche nach Pareto-Optimalität und ältere Vorstellungen, dass aus allen geeigneten Mitteln immer nur eines erforderlich sei, dazu *Lerche*, Übermaß, 1961, S. 21f.

[227] *Hirschberg*, Verhältnismäßigkeit, 1981, S. 77. Zur Formel, dass „die Schwere des Eingriffs bei einer Gesamtabwägung nicht außer Verhältnis zu dem Gewicht der ihn rechtferti-

die damit je verbundenen Regulierungskosten einander gegenübergestellt. Denn trotz aller verbleibenden Unsicherheiten über Inhalt und Struktur[228] ist die Angemessenheitsprüfung nach ganz herrschendem Verständnis jedenfalls keine Kosten/Nutzen-Analyse, in der die vom Gesetzgeber ersparten Aufwendungen und die dadurch verursachten Freiheitseinbußen miteinander verrechnet würden.[229] Vielmehr liegt der Schwerpunkt der Angemessenheitsprüfung ganz auf der individuellen Zumutbarkeit der Maßnahmen für den oder die Grundrechtsbetroffenen. Während der Grundsatz der Erforderlichkeit also wenigstens im Ausgangspunkt auf den „Vergleich verschiedener Mittel" zielt, geht es auf der Angemessenheitsebene um die „Bewertung" der Zweck/Mittel-Relation an sich.[230] Eine Kontrollüberlegung zeigt, was damit gemeint ist: So kann im bereits oben angeführten Beispiel[231] die gemäß § 63 StGB in der Unterbringung befindliche Person eine Verkürzung der Begutachtungsfristen nicht mit dem Argument erreichen, dass ein höherer staatlicher Mitteleinsatz infolge kürzerer Begutachtungsfristen durch entsprechende Freiheitsgewinne (über-) kompensiert werde. Denn eine Abwägung der Kosten für eine Verkürzung der Begutachtungsfristen mit den dadurch erzielten Freiheitsgewinnen findet nicht statt. Selbst wenn die Regelungsalternative billiger wäre, etwa weil durch die Verkürzung der Begutachtungsfristen auch teure Unterbringungszeiten entfielen, also Einsparungen möglich wären, würde das Gericht dies nicht prüfen.

Dennoch erfolgt die Prüfung der Angemessenheit keineswegs „finanzneutral". Anders als in der Erforderlichkeitsprüfung wird die fiskalische Dimension nicht kategorisch ausgeblendet. Vielmehr verpflichtet hier, wie gesehen, das Bundesverfassungsgericht den Gesetzgeber zu prozeduralen und organisatorischen Sicherungen, räumt kompensatorische Leistungsansprüche ein oder definiert verfassungsrechtliche Maßstäbe für das Verwaltungshandeln, wenn allein dadurch die Angemessenheit oder Zumutbarkeit der Eingriffsregelung gewahrt werden kann.[232]

---

genden Gründe stehen darf", siehe nur BVerfGE 120, 274 (321 f.) – *Online-Durchsuchungen*; sowie aus der Literatur nur *Merten*, Verhältnismäßigkeit, in: HGR III, 2009, § 68 Rn. 71 ff.

[228] Zu den hierzu bereits traditionell mittels der Begriffe „Interessen-" und „Güterabwägung" ausgetragenen Diskussionen vgl. ausführlich *Hirschberg*, Verhältnismäßigkeit, 1981, S. 83 ff. Aus der unüberschaubaren aktuellen Literatur vgl. nur als aktuellen Vorschlag zum Gerechtigkeitsgehalt der Verhältnismäßigkeitsprüfung und insbesondere ihrer dritten Stufe *Kumm*, The Idea of Socratic Contestation, Law & Ethics of Human Rights 4 (2010), S. 141 (150), in der Auseinandersetzung mit verschiedenen Konzepten, u. a. dem *Alexys*.

[229] Vgl. allerdings zu alternativen Konstruktionen die Hinweise unten in Fn. 243.

[230] *Hirschberg*, Verhältnismäßigkeit, 1981, S. 147 f. Ähnlich *Reimer*, „... und machet zu Jüngern alle Völker"?, Der Staat 52 (2013), S. 27 (33).

[231] Vgl. oben unter D. III. 1. b.

[232] Dazu oben unter B. III.

Diese Pflichten sind nun allerdings nicht das Ergebnis einer freien Abwägung des jeweils betroffenen Grundrechts mit der gesetzgeberischen Haushaltsautonomie oder einer umfassenden Kosten/Nutzen-Analyse; vielmehr bedarf ihre Herleitung eines gesteigerten Aufwandes und einer ganz anderen Art von Argumentation. Ausgangspunkt ist auch hier das jeweils konkret betroffene Grundrecht, aus dem heraus solche „freiheitsakzessorischen" Pflichten ihre Rechtfertigung erfahren. Es lässt sich nicht losgelöst von den gewährleistungsspezifischen Vorgaben bestimmen, was zur Sicherung der Angemessenheit konkret geschuldet ist. Vielmehr ist von den Realisierungsbedingungen der betroffenen Gewährleistungsgehalte aus zu begründen, wie das „Abstandsgebot" zu füllen oder Zwangsbehandlungen im Maßregelvollzug prozedural einzubetten sind. Die Interpretation der Grundrechtsnorm steht dabei allerdings nur insofern im Vordergrund, als der Versuch zu unternehmen ist, Mindestgehalte realer Freiheit zu rekonstruieren. Darüber hinaus kommt es hier vor allem darauf an, situativ Risiken und Gefährdungslagen zu identifizieren, für die dann in enger Auseinandersetzung mit Folgenabschätzungen, rechtstatsächlichen Erkenntnissen und dem bestehenden einfachrechtlichen Normmaterial im Sachbereich Mindestvorgaben entwickelt werden können.[233] Die oben ausgearbeitete Anspruchs- bzw. Pflichtentrias dient hierbei als zusätzlicher Wissens- und Erfahrungsspeicher.

Im Unterschied zu den originär begründeten Ansprüchen schmiegen sich die „freiheitsakzessorischen" Anforderungen an eine initial vom Gesetzgeber gewählte Regulierungsform an: Diese wird zwar gegebenenfalls finanzwirksam modifiziert und durch Auflagen ergänzt, aber nicht grundsätzlich in Frage gestellt. Dass eine gesetzgeberische Neukonzeption regelmäßig möglich bleibt, schont die Gestaltungsfreiheit des demokratischen Gesetzgebers und damit die Haushaltsautonomie.[234] Gleichzeitig behält die Rechtsprechung ihre Flexibilität, um auf Veränderungen im Sach- und Normbereich und auf neue Gefährdungslagen reagieren sowie gegebenenfalls das eigene Pflichtenprogramm evaluieren zu können.[235] Dennoch erweist es sich auch hier als richtig, wenn das Bundesverfassungsgericht den konkreten Gehalt der von ihm sanktionierten Pflichten und Mindestpositionen so weit wie möglich prozeduralisiert.[236]

---

[233] Als Vorbild für ein entsprechendes Vorgehen kann die Rechtsprechung des Bundesverfassungsgerichts zu den Anforderungen an den Vollzug der Untersuchungshaft dienen. Siehe für die Entscheidungspraxis im Anschluss an BVerfGE 15, 288, die Nachweise oben in Fn. 89.

[234] Vgl. hierzu die Überlegungen unter D. I. 1.

[235] Vgl. etwa die Fortentwicklung der Maßstäbe von BVerfGE 109, 133 (166f.) – *Sicherungsverwahrung I*, zu BVerfGE 128, 326 (378ff.) – *Sicherungsverwahrung II*.

[236] Dazu bereits für gewährleistungsspezifische Vorgaben oben unter D. II.

Insgesamt wird die hier skizzierte Handhabung sowohl der Effektivität des Grundrechtsschutzes als auch dem Schutz der parlamentarischen Haushaltsautonomie gerecht und vermeidet zugleich die Probleme, mit denen sich die „freie" Abwägungslösung konfrontiert sah.[237] Selbstverständlich ist eine solcherart strukturierte Angemessenheitsprüfung trotz des Rückgriffs auf Fallgruppen, des Verzichts auf ein umfassendes Optimierungsmodell und der Option für inhaltlich bestimmte Mindestpositionen weder abwägungsfrei noch wird sie einen vergleichbaren Evidenzgrad wie die Kontrolle der Erforderlichkeit erreichen.[238] Die Arbeit der Argumentation kann und soll dem Rechtsanwender nicht erspart werden. So nötigt der Verweis auf die Norm und auf die in der Rechtsprechung ausgebildeten Fallgruppen und anerkannten Mindestpositionen den Grundrechtsanwender zur Kontextualisierung seiner Entscheidung, zur Auseinandersetzung mit den Bedingungen der Ausübung des Grundrechts sowie zur Berücksichtigung des gewaltenteilenden Rahmens, in den das Grundgesetz die Grundrechtskontrolle einbettet. Der Verzicht auf eine freie Abwägung steigert so die Vorhersehbarkeit und die Rationalität von Entscheidungen. Angesichts der Sensibilität des betroffenen Gegeninteresses, der Haushaltsautonomie, erscheint dies ebenso adäquat wie geboten.

---

[237] Dazu oben unter D. I. 3.

[238] Offensichtlich beruht auch die Entwicklung von gewährleistungsspezifischen Vorgaben und die Statuierung punktueller finanzwirksamer Korrekturen zur Sicherung von Mindestpositionen auf einer oft implizit bleibenden Abwägung, vgl. dazu schon *Hirschberg*, Verhältnismäßigkeit, 1981, S. 174; *Böckenförde*, Schutzbereich, Eingriff, verfassungsimmanente Schranken, Der Staat 42 (2003), S. 165 (185 f.).

# E. Die Finanzwirksamkeit von Freiheitsrechten und die Integrität des juristischen Diskurses

Dass finanzwirksame Folgerungen aus Freiheitsrechten allein auf der Gewährleistungs- und der Angemessenheitsebene begründet werden können, reflektiert zum einen die normative Entscheidung, dem Schutz der Haushaltsautonomie grundsätzlich Priorität vor einer optimalen Durchsetzung der Grundrechte einzuräumen, ohne jedoch letztere im Hinblick auf eine fiskalische Auszehrung gänzlich schutzlos zu stellen. Zum anderen korrespondiert der Praxis auch die methodische Entscheidung, die fiskalische Dimension von Freiheitsrechten nur „versprachlicht" zu diskutieren, also nicht Grundrechtsnutzen und Haushaltskosten zu ermitteln und miteinander zu verrechnen, sondern am Text und an den Realisierungsbedingungen der Norm orientiert Argumente zu erarbeiten.[239]

Methode hat jedoch eine Eigenlogik und kennt eigene Ideale. Bekanntlich werden durch die Wahl der Methode „für den weiteren Verlauf des Verfassungsaktualisierungsprozesses vor-entscheidende Richtpunkte gesetzt".[240] Methodenfragen beeinflussen Inhalte und umgekehrt. Soweit mit der Finanzwirksamkeit monetäre und damit quantifizierbare Gesichtspunkte angesprochen sind, liegt eine Wechselwirkung von Inhalt und Methode besonders nahe. Fragen nach der ökonomischen Grundlage des Staates scheinen sich am besten mit ökonomischen Methoden beantworten zu lassen. Diese Verbindung von Inhalt und Methode ist freilich assoziativ, nicht zwingend. Die Frage nach der ökonomischen Methode im Verfassungsrecht beziehungsweise nach der Sicherung der juristischen Eigenrationalität stellt sich auch dort, wo nicht die Finanzwirksamkeit von Grundrechten betroffen ist; auch ist grundsätzlich unabhängig von der Verwendung ökonomischer Methoden darüber nachzudenken, wie der Finanzwirksamkeit dogmatisch Rechnung getragen werden kann.

---

[239] Zur Gegenüberstellung „natürlich-sprachlicher" und „numerisch-formaler" Methodik: *Hofmann*, Abwägung, 2007, S. 243 ff.

[240] *Jestaedt*, Grundrechtsentfaltung, 1999, S. 267. Vgl. auch instruktiv und mit wichtigen Differenzierungen *Volokh*, Choosing Interpretive Methods, N.Y.U. L. Rev. 83 (2008), S. 769 ff.; sowie schon klassisch *Grimm*, Methode als Machtfaktor (1980), in: ders., Recht und Staat der bürgerlichen Gesellschaft, 1987, S. 347 ff.

Hinzu kommt ein weiterer Gesichtspunkt. *Paul Kahn* hat mit großer Sensibilität für die Voraussetzungen des juristischen Diskurses formuliert, dass dessen Legitimität, jedenfalls was seinen Rationalitätsanspruch betrifft, immer prekär ist: „Law's reason cannot stray too far from generally operative, contemporary ideals of reason without appearing to be aberrational, antiquated, and simply false."[241] Können Rechtsprechung und Lehre ignorieren, dass ökonomische Aspekte in der Gegenwart einen immer dominanteren Anspruch erheben und dass Argumenten, die sich auf ökonomische Ableitungszusammenhänge stützen, erhebliches Gewicht zugemessen wird? Auch dies begründet keine strenge Notwendigkeit, wohl aber einen Anreiz, vermehrt ökonomische Methoden in die Verfassungsrechtsdogmatik einzubeziehen.

Die jüngeren Diskussionen um eine angemessene Rolle für die ökonomische Analyse im öffentlichen Recht nehmen, wenn auch recht vorsichtig, diese Impulse auf.[242] Überwiegend werden bislang noch Gesetzgeber, Verwaltung und Rechtswissenschaft als Träger der ökonomischen Vernunft im öffentlichen Recht angesprochen. Doch ist es nur konsequent, wenn mittlerweile vorgeschlagen wird, auch die Verhältnismäßigkeitsprüfung als eines der wichtigsten Konzepte der verfassungsgerichtlichen Praxis nach dem Vorbild ökonomischer Entscheidungsmodelle zu rationalisieren und als Kosten/Nutzen-Analyse zu rekonstruieren.[243] Methodische Orientierung bietet hierbei vor allem die Arbeit

---

[241] *Kahn*, Cultural Study of Law, 1999, S. 24. Zum – immer prekären – „Rationalitätsversprechen des modernen Staates" auch *Voßkuhle*, Das Konzept des rationalen Staates, in: Schuppert/Voßkuhle (Hrsg.), Governance von und durch Wissen, 2008, S. 13 (14 ff.). Zur Vielzahl an Rationalitäten siehe nur *Scherzberg*, Rationalität, in: Krebs (Hrsg.), FS Erichsen, 2004, S. 177 (180 ff.).

[242] Vgl. hierzu für die deutschsprachige Diskussion grundlegend die Beiträge in Engel/Morlok (Hrsg.), Öffentliches Recht als ein Gegenstand ökonomischer Forschung, 1998 (mit dem Besprechungsaufsatz von *Lepsius*, Ökonomik, Die Verwaltung 32 (1999), S. 429 ff.); aus der späteren Literatur nur *Schneider*, Zur Ökonomisierung von Verwaltungsrecht und Verwaltungsrechtswissenschaften, Die Verwaltung 34 (2001), S. 317 ff.; *Gröpl*, Ökonomisierung, VerwArch 93 (2002), S. 459 ff.; *van Aaken*, „Rational Choice", 2003; *Fehling*, Ökonomische Analyse im öffentlichen Recht, in: Bucerius Law School (Hrsg.), Begegnungen im Recht, 2011, S. 40 ff.; sowie die Beiträge in Augsberg (Hrsg.), Extrajuridisches Wissen im Verwaltungsrecht, 2013, spezifisch für das öffentliche Wirtschaftsrecht vgl. die Nachweise bei *Lüdemann*, Ökonomisches Wirtschaftsrecht und ökonomisches Wissen, in: a.a.O., S. 121 (123 mit Fn. 7).

[243] In diese Richtung etwa *Hofmann*, Abwägung, 2007, S. 102, 243 ff., 385 ff.; zu älteren Ansätzen auch *Hirschberg*, Verhältnismäßigkeit, 1981, S. 102 ff. Vgl. hierzu auch *Holmes/Sunstein*, The Cost of Rights, 1999, S. 220 ff. (siehe aber auch ebd., S. 94 f.). Kritisch *Barnett*, Rights, Costs, and the Incommensurability Problem, Virginia Law Review 86 (2000), S. 1303 (1320 ff.). Auch die „Mathematisierung" der Verhältnismäßigkeitsprüfung, wie sie teilweise in der Prinzipientheorie – prominent etwa von *Klatt/Schmidt*, Spielräume, 2010, S. 12 f., 53 ff. und passim – vorgeschlagen wird, beruht auf einem ähnlichen Rationalitätsideal.

von Normenkontrollräten[244] und Rechnungshöfen[245].[246] Scheint in solch einer Gestaltung der Verhältnismäßigkeitsprüfung nicht ein Königsweg für einen rationalen und zeitgemäßen Umgang mit Grundrechten auf?[247] Ginge nicht eine aufklärerische Wirkung davon aus, wenn die haushaltsrechtliche Seite des Grundrechtschutzes auf diese Weise ausdrücklich gemacht würde? Müsste also nicht die Aufgabe der Rechtswissenschaft darin bestehen, im Austausch mit anderen Fachdisziplinen Grundrechte bzw. Optionen auf Grundrechtsverwirklichungen in Zahlen zu übersetzen, um sie so über den Haushalt miteinander kommensurabel zu machen?[248]

Nicht alle intuitiven Einwände dagegen, Grundrechte als über das staatliche Budget mediierte Größen zu verstehen, erweisen sich auch auf den zweiten Blick als berechtigt. Je nach Ausgestaltung der Prüfung müsste es etwa durch eine derartige Ökonomisierung keineswegs notwendig zu einer Verkürzung eines als „ineffizient" eingestuften Grundrechtsschutzes kommen. Im Gegenteil wäre sogar eine punktuelle Anhebung des Schutzniveaus möglich, wenn

---

[244] Dazu nur *Martini*, Normsetzungsdelegation, AöR 133 (2008), S. 155 (165ff.).

[245] Zur Finanzkontrolle in Form einer Wirtschaftlichkeitsprüfung durch Rechnungshöfe und den dortigen Problemen, vgl. nur *Heintzen*, Staatshaushalt, HStR V, ³2007, § 120 Rn. 90ff.; *Gröpl*, Wirtschaftlichkeit und Sparsamkeit, HStR V, ³2007, § 121 Rn. 38, je m.w.N.

[246] Ausführlich *Hofmann*, Abwägung, 2007, S. 52ff., zu den zahlreichen hierzu entwickelten und praktizierten Ansätzen.

[247] Dass „die" Verhältnismäßigkeitsprüfung trotz aller mittlerweile international bestehenden Einigkeit über ihre formale Struktur (vgl. nur *Barak*, Proportionality, 2012; *Möller*, Proportionality, ICON 10 (2012), S. 709ff.; *Kumm*, Democracy is not enough, New York University Public Law and Legal Theory Working Papers, Paper 118 (2009), S. 1 (3)) nicht schlicht gegeben oder gar universal ist, sondern veränderungsoffen ist, zeigt schon ein Blick auf die historische Entwicklung des Konzepts. So markiert insbesondere die Bindung des *Gesetzgebers* durch das Verhältnismäßigkeitsprinzip einen in seinem Ausmaß oft unterschätzten Bruch des Grundgesetzes mit früheren Konzepten, dazu *Bumke*, Grundrechtsvorbehalt, 1998, S. 40 Fn. 69 (mit kritischen Hinweisen zu hergebrachten „Fortschrittserzählungen"); vgl. auch *Hirschberg*, Verhältnismäßigkeit, 1981, S. 2ff. Zur allmählichen Evolution des Prüfungsstandards in der Rechtsprechung des Bundesverfassungsgerichts vgl. die ersten Ansätze in BVerfGE 2, 266 (279ff.) – *Notaufnahme*; 3, 383 (389f.) – *Gesamtdeutscher Block*; dann grundlegend BVerfGE 7, 377 (LS 6c) – *Apothekenurteil*; sowie im Anschluss insbesondere BVerfGE 9, 338 (348); 13, 97; 16, 194 (202) – *Liquorentnahme*; siehe dazu auch *Grabitz*, Verhältnismäßigkeit, AöR 98 (1973), S. 568ff. Zu verfassungskulturellen Charakteristika der deutschen Rechtsordnung, die gerade in der Handhabung der Verhältnismäßigkeitsprüfung zu Tage treten, vgl. die instruktiven Studien von *Cohen-Eliya/Porat*, American balancing and German proportionality, ICON 8 (2010), S. 263ff.; *dies.*, Proportionality, Am. J. Comp. L. 59 (2011), S. 463ff.; sowie jüngst zusammenfassend *dies.*, Proportionality and Constitutional Culture, 2013.

[248] Zur Attraktivität der Quantifizierung von Entscheidungen vgl. *Porter*, Trust in Numbers, 1995, S. 8 („Quantification is a way of making decisions without seeming to decide"); sowie *Voßkuhle*, Das Konzept des rationalen Staates, in: Schuppert/Voßkuhle (Hrsg.), Governance von und durch Wissen, 2008, S. 13 (23ff.).

Grundrechtsbetroffene bereits ineffiziente Eingriffe als „nicht erforderlich" abwehren könnten. Mehr und mehr gelingt es der Sozialwahltheorie zudem, kollektive Aspekte in das ursprünglich primär libertäre Modell der Ökonomischen Analyse zu integrieren.[249] Schließlich versuchen sich Rechtsetzung und Verwaltung heute bereits in verschiedenen Rechtsgebieten an einer Quantifizierung von (Grund-)Rechtspositionen.[250] Wo dies geschieht und das einfache Recht entsprechende Vorgaben macht, muss sich auch die Rechtsprechung der ökonomischen Logik stellen, will sie nicht ihren Kontrollauftrag vernachlässigen.[251]

Dennoch liegt die Kritik an der Leistungsfähigkeit, ja dem Methodencharakter eines solchen Ansatzes gerade im Verfassungsrecht auf der Hand.[252] Nicht die geringste Schwierigkeit ist, wie die Komplexität der erforderlichen Analysen bewältigt werden kann[253] und wie mit solchen Verfassungswerten umzugehen

---

[249] Vgl. dazu nur den Überblick bei *Cass R. Sunstein*, The Limits of Quantification, California Law Review 102 (2014), S. 1369 ff.

[250] Vgl. neben dem Gesundheitsrecht, wo derartige Bewertungen nach § 12 Abs. 1 SGB V schon von Rechts wegen vorgenommen werden (s. die Nachweise oben Fn. 30), etwa auch das Umweltrecht, wo die „Änderung von Sterbe- und Erkrankungswahrscheinlichkeiten" Bestandteil der behördlichen Kosten-Nutzen-Analysen sind, dazu Umweltbundesamt (Hrsg.), Ökonomische Bewertung von Umweltschäden, 2013, S. 21 f. Überblicksartig auch *Klare*, Was bin ich wert?, 2010; *Sunstein*, Valuing Life, 2014, S. 111 ff.; *Münkler*, Kosten-Nutzen-Bewertungen, 2015, S. 229 ff. Umfassend zu den „numerischen Methoden" im Recht *Hofmann*, Abwägung, 2007, S. 9 ff. Vgl. ferner die oben in Fn. 101 und 102 angeführte Literatur zum Effizienzbegriff. Auch der Prinzipientheorie ist das Quantifizierungsdenken keineswegs fremd, vgl. nur oben Fn. 243.

[251] Vgl. hierzu den Überblick bei *Wischmeyer*, Zwecke im Recht des Verfassungsstaates, S. 303 ff. Vgl. aber auch zur „juridifizierenden" Auslegung des § 12 SGB V in der Rspr.: *Münkler*, Kosten-Nutzen-Bewertungen, 2015, S. 166 ff., 225 ff.

[252] Aus der ausufernden, nicht auf das Verfassungsrecht beschränkten Literatur repräsentativ für verschiedene Stränge der Kritik: *Dworkin*, Is Wealth a Value?, The Journal of Legal Studies 9 (1980), S. 191 ff., *Nussbaum*, Flawed Foundations, University of Chicago Law Review 64 (1997), S. 1197 ff. (je mit Kritik am Wertbegriff); *Kennedy*, Cost-Benefit Analysis of Entitlement Problems: A Critique, Stanford L. Rev. 33 (1981), S. 387 ff., *ders.*, Law and Economics from the Perspective of Critical Legal Studies, in: Newman (Hrsg.), The New Palgrave Dictionary of Economics and the Law, Bd. 2, 1998, S. 465 ff. (je mit Kritik an der apologetischen Tendenz von L & E); *Bernstein*, Whatever Happened, Md. L. Rev. 64 (2005), S. 303 ff. (Kritik an der theoretischen Konsistenz von L & E); *Rose-Ackerman*, Putting Cost-Benefit Analysis in Its Place, University of Miami L. Rev. 65 (2011), S. 335 ff. (Kritik an der praktischen Handhabbarkeit). Vgl. auch skeptisch gegenüber dem Rationalitätsgewinn *Voßkuhle*, „Ökonomisierung", Die Verwaltung 34 (2001), S. 347 (368); *ders.*, Methode und Pragmatik im Öffentlichen Recht, in: Bauer/Czybulka et al. (Hrsg.), Umwelt, Wirtschaft und Recht, 2002, S. 171 (182 ff.); sowie die Überlegungen bei *Petersen*, Empirische Wende, Der Staat 49 (2010), S. 435 (447 ff.), und *Fehling*, Ökonomische Analyse im öffentlichen Recht, in: Bucerius Law School (Hrsg.), Begegnungen im Recht, 2011, S. 40 ff. Plastisch zu den Schwierigkeiten im Detail: *Münkler*, Kosten-Nutzen-Bewertungen, 2015, S. 68 ff. u. passim.

[253] Hierzu schon früh und grundlegend: *Scharpf*, Komplexität, PVS, Sonderheft 4 (1972), S. 168 ff. Insbesondere für das Verwaltungsrecht *Schober*, Zweck, 2007, S. 170 ff.; für das Steuerrecht *Schenke*, Rechtsfindung, 2007, S. 109 ff. m. w. N.; für das Regulierungsrecht vgl. *Lepsi-*

ist, die einer ökonomischen Rekonstruktion nicht in dem für produktive Folgenanalysen erforderlichen Maße zugänglich sind[254] – sofern man nicht bereits unter dem Stichwort der Kommensurabilität das szientizistische Ideal einer verrechnenden Gegenüberstellung von Werten grundsätzlich in Frage stellt[255]. Gerade in jüngerer Zeit haben zudem die mit einer Ökonomisierung von Bewertungsmethoden verbundenen sogenannten Kommodifizierungs- oder „Crowding out"-Effekte Aufmerksamkeit auf sich gezogen.[256]

Während diese Einwände allgemein der Ökonomisierung von (Grund-) Rechtsfragen gelten, ist hier nur auf das spezifische Verhältnis von ökonomischer Methode und dem Schutz der Haushaltsautonomie im gerichtlichen Verfahren einzugehen. Offensichtlich würde die Abkehr von einer ausschließlich sprachlich-argumentativen zugunsten einer auch numerisch-ökonomischen Begründungsweise neue Diskurse in die Grundrechtsprüfung integrieren. Welchen Diskursen gegenüber sich das Recht öffnet, ist jedoch nie trivial.[257] Recht ist kein freier Argumentationsraum, in dem jedes zusätzliche Argument, egal

---

*us*, Ziele der Regulierung, in: Fehling/Ruffert (Hrsg.), 2010, S. 1055 (1082 ff.), Rn. 61 ff. Jüngst ist diese Kritik vor allem im Hinblick auf die Entscheidungen des Bundesverfassungsgerichts zur Eurorettung aktualisiert worden, vgl. nur etwa *Nettesheim*, Die „haushaltspolitische Gesamtverantwortung" in der Rechtsprechung des BVerfG, in: Haratsch (Hrsg.), Verfassung und Krise, i. E., S. 15 im Manuskript.

[254] Dazu *Haverkate*, Leistungsstaat, 1983, S. 20 ff.; *Schober*, Zweck, 2007, S. 151 ff.; praxisorientiert *Rose-Ackerman*, Putting Cost-Benefit Analysis in Its Place, University of Miami L. Rev. 65 (2011), S. 335 ff. Ein praktisch relevantes Beispiel für derartige Schwierigkeiten ist der Versuch, empirisch fassbare Kriterien für das Konzept der Rechtsstaatlichkeit zu definieren, vgl. *Riegner/Wischmeyer*, Rechtliche Zusammenarbeit, Der Staat 50 (2011), S. 436 ff. Für das Klimaschutzrecht vgl. *Ekardt*, Kosten-Nutzen-Analyse, JöR 61 (2013), S. 89 (92 f., 108 ff.).

[255] Vgl. nur *Hirschberg*, Verhältnismäßigkeit, 1981, S. 79, 161 f.; *Dechsling*, Verhältnismäßigkeitsgebot, 1989, S. 12 f.; *Huster*, Rechte und Ziele, 1993, S. 160 ff. Aus philosophischer Sicht nach wie vor maßgeblich zum Kommensurabilitätsproblem *Chang*, Introduction, in: dies (Hrsg.), Incommensurability, 1997, S. 1 ff.

[256] Zu derartigen Kommodifizierungseffekten siehe nur die populäre Darstellung von *Sandel*, What Money Can't Buy, 2012; zu ähnlich gelagerten älteren Ideen von „Reifizierung" siehe *Honneth*, Reification, in: Jay (Hrsg.), Reification, 2008, S. 17 (22). Zum „Fetischcharakter" des Geldes und der Monetarisierung von Lebenssachverhalten *Žižek*, On Belief, 2001, S. 17 f.: „One should recall here Lacan's claim that money's original role is to function as the impossible equivalent for that which has NO PRICE, for desire itself." Die intuitive Evidenz derartiger Theoreme steht allerdings in einer merkwürdigen Spannung zur Schwierigkeit, konkrete Effekte messbar zu machen, vgl. nur die methodische Grundsatzkritik des Artikels von *Szech/Falk*, Morals and Markets, Science 340 (2013), S. 707 ff., bei *Breyer/Weimann*, Of Morals, Markets and Mice: A Comment on Falk and Szech. CESifo Working Paper Series No. 4745 (2014).

[257] Dieser Punkt ist im Hinblick auf die sachverständige Beratung des Staates bereits intensiv diskutiert worden. Vgl. zum Verhältnis von Beratung und (Mit-)Entscheidung nur *Voßkuhle*, Sachverständige Beratung des Staates, HStR III, $^{3}$2005, § 43 Rn. 21 f. m. w. N.; vgl. auch *Kaufhold*, Transfer und Transformation ökonomischen Wissens, in: Augsberg (Hrsg.), Extrajuridisches Wissen im Verwaltungsrecht, 2013, S. 151 (153).

welcher Provenienz, zur Steigerung der Rationalität der Entscheidung führt. Wer entscheidet, welche Art von Gründen in einer rechtlichen Argumentation zugelassen sind, steuert, welche Institutionen und Akteure mit ihrem Wissen und ihren Begründungsstrategien Einfluss auf juristische Verfahren und Institutionen nehmen können. An diskursiven Koppelungspunkten stellt sich im Recht die Machtfrage. Was traditionell für theologische Argumentformen galt[258], gilt heute in gleicher Weise für ökonomische[259].

Dass ein intensiveres Eingehen auf ökonomische Argumente im Rechtsdiskurs messbare Folgen für die Rechtsinhalte und für das Verhältnis von Institutionen und Gewalten zueinander haben kann, lässt sich in einigen Rechtsbereichen bereits in der Praxis beobachten.[260] Zum Schutz des Rechtsdiskurses ebenso wie der außerrechtlichen Diskurse gilt daher, dass das (Verfassungs-)Recht die Grenze zu solchen „außerrechtlichen Maßstabssystemen" keineswegs schließt, aber Öffnungen von einem innerrechtlichen Anwendungsbefehl abhängig macht, der an den innerrechtlichen Maßstäben gemessen wird.[261] Diese

---

[258] Zu dieser „Begründungsneutralität" vgl. *Huster*, Der Grundsatz der religiös-weltanschaulichen Neutralität, 2004, S. 6 ff.; *Dreier*, Säkularisierung und Sakralität, 2013, S. 27 f.

[259] Hierzu schon maßgeblich *Ackerman*, Law, Economics, and the Problem of Legal Culture, Duke Law Journal 6 (1986), S. 929 (931 ff.); vgl. auch den Überblick bei *Lieth*, Die ökonomische Analyse des Rechts, 2007, S. 32 f., 96 ff. m. w. N., sowie die systemtheoretisch inspirierten Überlegungen bei *Wielsch*, Die epistemische Analyse des Rechts, JZ 2009, S. 67 (69 ff.). Zur anspruchsvollen Architektur, die jede Verknüpfung kognitiver Systeme erfordert, vgl. *Kaufhold*, Transfer und Transformation ökonomischen Wissens, in: Augsberg (Hrsg.), Extrajuridisches Wissen im Verwaltungsrecht, 2013, S. 151 (160 ff.).

[260] Vgl. etwa zum „more economic approach" im Wettbewerbsrecht die Einschätzungen bei *Drexl*, Wettbewerbsverfassung, in: von Bogdandy/Bast (Hrsg.), Europäisches Verfassungsrecht, ²2009, S. 905 (918 ff.); *Behrens*, Abschied vom more economic approach?, in: Bechtold/Jickeli/Rohe (Hrsg.), FS Möschel, 2011, S. 115 ff.; *Seitz*, Economic Principles in Antitrust Law, in: Mathis (Hrsg.), Law and Economics in Europe, 2014, S. 367 ff. Im Umweltrecht vgl. *Kysar*, Regulating from Nowhere, 2010, S. 71 ff., 203 ff. Für das Bankenaufsichtsrecht: *Kaufhold*, Transfer und Transformation ökonomischen Wissens, in: Augsberg (Hrsg.), Extrajuridisches Wissen im Verwaltungsrecht, 2013, S. 151 (170 ff.).

[261] Siehe dazu ausführlich BVerfGE 129, 1 (21 ff.) – *Investitionszulage*. Vgl. gerade zu „Effizienz" und „Wirtschaftlichkeit" als „Maßstäben" für das Verwaltungshandeln *Schmidt-Aßmann*, Ordnungsidee, ²2006, Kap. 6 Rn. 58 ff., 65 ff.; *Fehling*, Recht und außerrechtliche Maßstäbe, in: Trute/Groß et al. (Hrsg.), Allgemeines Verwaltungsrecht, 2008, S. 461 (463 f., 476 ff.); *Schoch*, Außerrechtliche Standards, in: Trute/Groß et al. (Hrsg.), Allgemeines Verwaltungsrecht, 2008, S. 543 (561 f., 559 ff.); *Jestaedt*, Maßstäbe, in: Erichsen/Ehlers (Hrsg.), Verwaltungsrecht, ¹⁴2010, § 11 Rn. 3; *Pitschas*, Maßstäbe, in: GVwR II, ²2012, § 42 Rn. 1 ff., 111 ff. Die Grenzen zwischen rechtlichen Maßstäben und (rechtlichen) Öffnungsklauseln für außerrechtliche Erwägungen sind in der Praxis freilich oft nur schwer zu ziehen, insbesondere wenn die gesetzgeberische Programmdichte stark zurückgenommen worden ist; vgl. etwa für das Telekommunikationsrecht *Lüdemann*, Ökonomisches Wirtschaftsrecht und ökonomisches Wissen, in: Augsberg (Hrsg.), Extrajuridisches Wissen im Verwaltungsrecht, 2013, S. 121 (140).

Zugangsregeln zu verändern, heißt, das Recht zu verändern. Dies ist in einem positivierten Rechtssystem nicht ausgeschlossen – vielmehr findet es vielfach und zum großen Nutzen der Rechtsordnung statt –, kann aber nur in Rechtsform erfolgen.

Eine stärkere Ökonomisierung der Grundrechts- und insbesondere der Verhältnismäßigkeitsprüfung ist damit in gewaltenteilungstheoretischer Hinsicht keineswegs neutral. Umgekehrt stabilisiert die bisherige Rechtsprechung durch die Ausklammerung entsprechender Argumente wenigstens indirekt die gesetzgeberische Haushaltsautonomie. Indem das Gericht finanzwirksame Pflichten sprachlich-argumentativ begründet, Quantifizierungen vermeidet und Verteilungsfragen nicht als Rechnungen begreift, schützt es sowohl die bisherige Integrität des juristischen Diskurses als auch die sich in der Klärung eben dieser Fragen manifestierende und bewährende parlamentarische Haushaltsautonomie. Die gerichtliche Konzentration auf eine spezifisch juristische Rationalität erfährt in der Finanzvernunft des Parlaments ihr Komplement. Das schließt Änderungen für die Zukunft, einschließlich einer stärkeren Ökonomisierung der verfassungsrechtlichen Methoden, nicht kategorisch aus. Doch beruht der Erfolg des verfassungsstaatlichen Gewaltenteilungsregimes bislang wohl auch darauf, dass es das Zusammenspiel unterschiedlicher Rationalitäten hinreichend differenziert gestaltet.

# F. Fazit

Was ist dadurch gewonnen, Grundrechte allgemein auf ihre Wirkungen und konkret auf ihren Einfluss auf den Haushalt hin zu analysieren? Zum einen zeigt diese Perspektive, dass das Bundesverfassungsgericht einer in der jüngeren Zeit intensiv diskutierten grundrechtsdogmatischen Forderung – vereinfacht: größere Sensibilität für gewährleistungsspezifische Schutzgehalte sowie stärkere Rationalisierung der Verhältnismäßigkeitsprüfung – bereits nachkommt, soweit bestimmte, nämlich fiskalische Belange betroffen sind. Zum anderen wird so eine latente Spannung im Umgang mit Freiheitsrechten sichtbar: Effektiver Grundrechtsschutz kann die parlamentarische Haushaltsautonomie und damit die demokratische Gestaltungsfähigkeit gefährden – und umgekehrt.

Diese Spannung zwischen Haushaltsautonomie und effektivem Grundrechtsschutz lässt sich nun weder auf Dauer ignorieren noch zwingt ihre Anerkennung zur Ökonomisierung des Grundrechtsdiskurses. Vielmehr ist sie in ein System von Regeln zu transformieren, die differenzierte Bedingungen dafür angeben, welchen Belangen im konkreten Fall der Vorrang einzuräumen ist. Es hat sich gezeigt, dass die Vielgestaltigkeit der Sachverhalte eine komplexe Matrix von Spielräumen und Kontrollvorbehalten erfordert, die zwischen Bundesverfassungsgericht, Gesetzgeber und Verwaltung durch Vorrangregeln und Ausnahmevorbehalte institutionalisiert werden muss. Monistische Theorien – mögen sie auf dem Gedanken der Grundrechtsoptimierung, einem Vorbehalt des Möglichen oder dem Effizienzprinzip aufbauen – können je nur einzelne Facetten der hiermit verbundenen Probleme erhellen, ohne aber das Zusammenspiel der Elemente adäquat zu beschreiben.

Daher wurde hier in Anlehnung an Intuitionen, die der verfassungsgerichtlichen Rechtsprechung zugrunde liegen, vorgeschlagen, finanzwirksame Pflichten dort anzuerkennen, wo der Grundrechtsteil der Verfassung entsprechende gewährleistungsspezifische Vorgaben enthält oder aber wo die Angemessenheit einer Eingriffsregelung nicht anders sichergestellt werden kann. Wenn damit haushaltsrelevante Entscheidungen und Verteilungsfragen in der Regel dem Parlament anvertraut werden, während das Bundesverfassungsgericht allenfalls in vergleichsweise klar definierten Ausnahmefällen korrigierend eingreifen darf, ist nicht nur eine praktikable Strategie im Umgang mit schwierigen Fällen gefunden. Sowohl die Verfassungsnorm als auch die umfassende Verantwortung des (Haushalts-)Gesetzgebers für die Grundrechtsverwirklichung rücken so neu in den Blick. Vor allem aber ist hier eine für den Verfassungsstaat des Grundgesetzes im besten Sinne charakteristische Lösung gefunden: Kluge Grenzen halten Entscheidungen und Prozesse im demokratischen System offen.

# Literaturverzeichnis

*van Aaken, Anne:* „Rational Choice" in der Rechtswissenschaft. Zum Stellenwert der ökonomischen Theorie im Recht, Baden-Baden 2003.

*Ackerman, Bruce:* Law, Economics, and the Problem of Legal Culture, Duke Law Journal 6 (1986), S. 929–947.

*Alexy, Robert:* Theorie der Grundrechte, Frankfurt am Main 1994.

–: Constitutional Rights, Balancing, and Rationality, Ratio Juris 16 (2003), S. 131–140.

*von Arnauld, Andreas:* Die Freiheitsrechte und ihre Schranken, Baden-Baden 1999.

*von Arnim, Hans Herbert:* Wirtschaftlichkeit als Rechtsprinzip, Berlin 1988.

Augsberg, Ino (Hrsg.): Extrajuridisches Wissen im Verwaltungsrecht. Analysen und Perspektiven, Tübingen 2013.

*Barak, Aharon:* Proportionality. Constitutional Rights and their Limitations, Cambridge 2012.

–: Proportionality (2), in: Michel Rosenfeld/András Sajó (Hrsg.), The Oxford Handbook of Comparative Constitutional Law, Oxford 2012, S. 738–755.

*Barnett, Jonathan M.:* Rights, Costs, and the Incommensurability Problem, Virginia Law Review 86 (2000), S. 1303–1333.

*Behrens, Peter:* Abschied vom more economic approach?, in: Stefan Bechtold/Joachim Jickeli/Mathias Rohe (Hrsg.), Recht, Ordnung und Wettbewerb – Festschrift für Wernhard Möschel zum 70. Geburtstag, Baden-Baden 2011, S. 115–130.

*Bernstein, Anita:* Whatever Happened to Law and Economics?, Md. L. Rev. 64 (2005), S. 303–336.

*Bix, Brian:* Jurisprudence: Theory and Context, 4. Aufl. Durham (NC) 2006.

*Blankenagel, Alexander:* Effizienter Grundrechtsschutz, in: ders. (Hrsg.), Den Verfassungsstaat nachdenken. Eine Geburtstagsgabe, Berlin 2014, S. 11–42.

*Böckenförde, Ernst-Wolfgang:* Grundrechtstheorie und Grundrechtsinterpretation, NJW 1974, S. 1529–1548.

–: Die sozialen Grundrechte im Verfassungsgefüge, in: Staat, Verfassung, Demokratie, Frankfurt am Main 1991, S. 146–158.

–: Schutzbereich, Eingriff, verfassungsimmanente Schranken. Zur Kritik gegenwärtiger Grundrechtsdogmatik, Der Staat 42 (2003), S. 165–192.

*Borowski, Martin:* Grundrechtliche Leistungsrechte, JöR 50 (2002), S. 301–328.

–: Grundrechte als Prinzipien, 2. Aufl. Baden-Baden 2007.

*Breyer, Friedrich/Weimann, Joachim,* Of Morals, Markets and Mice: A Comment on Falk and Szech. CESifo Working Paper Series No. 4745, abrufbar unter: http://ssrn.com/abstract=2434462 (13. November 2014).

*Bumke, Christian:* Der Grundrechtsvorbehalt. Untersuchung über die Begrenzung und Ausgestaltung der Grundrechte, Baden-Baden 1998.

–: Ausgestaltung von Grundrechten, Tübingen 2009.
–: Die Pflicht zur konsistenten Gesetzgebung. Am Beispiel des Ausschlusses der privaten Vermittlung staatlicher Lotterien und ihrer bundesverfassungsgerichtlichen Kontrolle, Der Staat 49 (2010), S. 77–105.
–: Rechtsdogmatik: Überlegungen zur Entwicklung und zu den Formen einer Denk- und Arbeitsweise der deutschen Rechtswissenschaft, JZ 69 (2014), S. 641–650.
*Bumke, Christian/Voßkuhle, Andreas:* Casebook Verfassungsrecht, 6. Aufl. Tübingen 2013.
*Chang, Ruth:* Introduction, in: dies. (Hrsg.), Incommensurability, Incompatibility, and Practical Reason, Cambridge (Mass.) 1997, S. 1–34.
*Clérico, Laura:* Die Struktur der Verhältnismäßigkeit, Baden-Baden 2001.
*Cohen-Eliya, Moshe/Porat, Iddo:* The Hidden Foreign Law Debate in Heller: The Proportionality Approach in American Constitutional Law, San Diego Law Review (2009), S. 367–414.
–: American balancing and German proportionality: The historical origins, International Journal of Constitutional Law 8 (2010), S. 263–286.
–: Proportionality and the Culture of Justification, Am. J. Comp. L. 59 (2011), S. 463–490.
–: Proportionality and Constitutional Culture, Cambridge 2013.
Cooke, Jacob E. (Hrsg.): The Federalist, Middletown 1961.
*Cremer, Wolfram:* Freiheitsgrundrechte. Funktionen und Strukturen, Tübingen 2003.
*Dechsling, Rainer:* Das Verhältnismäßigkeitsgebot. Eine Bestandsaufnahme der Literatur zur Verhältnismäßigkeit staatlichen Handelns, München 1989.
*Denninger, Erhard:* Staatliche Hilfe zur Grundrechtsausübung durch Verfahren, Organisation und Finanzierung, in: Josef Isensee/Paul Kirchhof (Hrsg.), Handbuch des Staatsrechts der Bundesrepublik Deutschland, Bd. IX: Allgemeine Grundrechtslehren, 3. Aufl. Heidelberg 2011, § 193.
*Diehm, Dirk:* Die haushaltspolitische Gesamtverantwortung des Deutschen Bundestages, in: Yvonne Becker/Friederike Lange (Hrsg.), Linien der Rechtsprechung des Bundesverfassungsgerichts, Bd. 3, Berlin u. a. 2014, S. 525–552.
*Dreier, Horst:* Dimensionen der Grundrechte. Von der Wertordnungsjudikatur zu den objektiv-rechtlichen Grundrechtsgehalten, Hannover 1993.
–: Der Kampf um das Budgetrecht als Kampf um die staatliche Steuerungsherrschaft – Zur Entwicklung des modernen Haushaltsrechts, in: Wolfgang Hoffmann-Riem/Eberhard Schmidt-Aßmann (Hrsg.), Effizienz als Herausforderung an das Verwaltungsrecht, Baden-Baden 1998, S. 59–106.
–: Säkularisierung und Sakralität. Zum Selbstverständnis des modernen Verfassungsstaates, Tübingen 2013.
Dreier, Horst (Hrsg.): Grundgesetz. Kommentar, Bd. II: Art. 20–82, 2. Aufl. Tübingen 2006.
–: Grundgesetz. Kommentar, Bd. III: Art. 83–146, 2. Aufl. Tübingen 2008.
–: Grundgesetz. Kommentar, Bd. I: Präambel, Artikel 1–19, 3. Aufl. Tübingen 2013.
*Drexl, Josef:* Wettbewerbsverfassung, in: Armin von Bogdandy/Jürgen Bast (Hrsg.), Europäisches Verfassungsrecht, 2. Aufl. Dordrecht u. a. 2009, S. 905–958.
*Dworkin, Ronald:* Is Wealth a Value?, The Journal of Legal Studies 9 (1980), S. 191–226.

*Eckertz, Rainer:* Die Aufhebung der Teilung im gesamtdeutschen Finanzausgleich, ZRP 1993, S. 297–301.

*Ekardt, Felix:* Ökonomische Kosten-Nutzen-Analyse versus öffentlich-rechtliche Verhältnismäßigkeit und Abwägung, JöR 61 (2013), S. 89–114.

*Eichenhofer, Eberhard:* Soziale Menschenrechte im Völker-, europäischen und deutschen Recht, Tübingen 2012.

*Eidenmüller, Horst:* Effizienz als Rechtsprinzip. Möglichkeiten und Grenzen der ökonomischen Analyse des Rechts, Tübingen 1995.

*Emmenegger, Sigrid:* Die Stärkung des Parlaments in der neueren Rechtsprechung des Bundesverfassungsgerichts, in: dies./Ariane Wiedmann (Hrsg.) Linien der Rechtsprechung des Bundesverfassungsgerichts, Bd. 2, Berlin u. a. 2011, S. 447–470.

Engel, Christoph/Morlok, Martin (Hrsg.): Öffentliches Recht als ein Gegenstand ökonomischer Forschung. Die Begegnung der deutschen Staatsrechtslehre mit der Konstitutionellen Politischen Ökonomie, Tübingen 1998.

European Commission for Democracy through Law (Venice Commission), Opinion on the New Constitution of Hungary, Opinion no. 621/2011 (CDL-AD(2011)016).

–: Opinion on the Fourth Amendment to the Fundamental Law of Hungary, Opinion no. 720/2013 (CDL-AD(2013)012).

*Daniel A. Farber*: Autonomy, Welfare, and the Pareto Principle (8. Februar 2014), UC Berkeley Public Law Research Paper No. 2392859, abrufbar unter: http://ssrn.com/abstract=2392859.

*Fehling, Michael:* Kosten-Nutzen-Analysen als Maßstab für Verwaltungsentscheidungen, VerwArch 95 (2004), S. 443–470.

–: Das Verhältnis von Recht und außerrechtlichen Maßstäben, in: Hans-Heinrich Trute/Thomas Groß et al. (Hrsg.), Allgemeines Verwaltungsrecht. Zur Tragfähigkeit eines Konzepts, Tübingen 2008, S. 461–488.

–: Ökonomische Analyse im öffentlichen Recht als Methode zur Reformulierung und Operationalisierung von Gerechtigkeitsfragen, in: Bucerius Law School (Hrsg.), Begegnungen im Recht, Tübingen 2011, S. 40–67.

*Fratzky, Kai-Uwe:* Ökonomisierung der polizeilichen Gefahrenabwehr, Hamburg 2013.

*Frug, Gerald E.:* The Judicial Power of the Purse, U. Penn. L. Rev. 126 (1978), S. 715–794.

*Gentz, Manfred:* Zur Verhältnismäßigkeit von Grundrechtseingriffen, NJW 1968, S. 1600–1607.

*Gerards, Janneke:* How to improve the necessity test of the European Court of Human Rights, International Journal of Constitutional Law 11 (2013), S. 466–490.

*Gosepath, Stefan*: „Equality", in: Edward N. Zalta (Hrsg.), The Stanford Encyclopedia of Philosophy, Spring 2011 Edition, abrufbar unter: http://plato.stanford.edu/archives/spr2011/entries/equality.

*Gover, Daniel/Russell, Meg:* The House of Commons' "financial privilege" on Lords amendments, Public Law 2015, S. 12–21.

*Grabitz, Eberhard:* Der Grundsatz der Verhältnismäßigkeit in der Rechtsprechung des Bundesverfassungsgerichts, AöR 98 (1973), S. 568–616.

*Grimm, Dieter:* Methode als Machtfaktor (1980), in: ders., Recht und Staat der bürgerlichen Gesellschaft, Frankfurt am Main 1987, S. 347–372.

–: Proportionality in Canadian and German Constitutional Jurisprudence, University of Toronto Law Journal 57 (2007), S. 383–397.

*Gröpl, Christoph:* Ökonomisierung von Verwaltung und Verwaltungsrecht, VerwArch 93 (2002), S. 459–484.

–: Wirtschaftlichkeit und Sparsamkeit staatlichen Handelns, in: Josef Isensee/Paul Kirchhof (Hrsg.), Handbuch des Staatsrechts der Bundesrepublik Deutschland, Bd. V: Rechtsquellen, Organisation, Finanzen, 3. Aufl. Heidelberg 2007, § 121.

*Gusy, Christoph:* Der Wandel präventiver Schutzgewährung in der staatlichen Finanzkrise, in: Wolfgang Hoffmann-Riem/Eberhard Schmidt-Aßmann (Hrsg.), Effizienz als Herausforderung an das Verwaltungsrecht, Baden-Baden 1998, S. 175–203.

*Häberle, Peter:* Grundrechte im Leistungsstaat, in: VVDStRL 30 (1972), S. 43–141.

–: Das Bundesverfassungsgericht im Leistungsstaat. Die Numerus-clausus-Entscheidung vom 18.7.1972, DÖV 1972, S. 729–740.

–: Effizienz und Verfassung. Zu Walter Leisner: Effizienz als Rechtsprinzip, AöR 98 (1973), S. 625–635.

–: Die Gemeinwohlproblematik in rechtswissenschaftlicher Sicht, Rechtstheorie 14 (1983), S. 257–284.

–: Die Wesensgehaltgarantie des Artikel 19 Abs. 2 Grundgesetz. Zugleich ein Beitrag zum institutionellen Verständnis der Grundrechte und zur Lehre vom Gesetzesvorbehalt, 3. Aufl. Heidelberg 1983.

*Harms, Katharina:* Verfassungsrecht in Umbruchsituationen, Baden-Baden 1999.

*Haverkate, Görg:* Rechtsfragen des Leistungsstaats, Tübingen 1983.

*Heintzen, Markus:* Staatshaushalt, in: Josef Isensee/Paul Kirchhof (Hrsg.), Handbuch des Staatsrechts der Bundesrepublik Deutschland, Bd. V: Rechtsquellen, Organisation, Finanzen, 3. Aufl. Heidelberg 2007, § 120.

*Hesse, Konrad:* Grundzüge des Verfassungsrechts der Bundesrepublik Deutschland, 20. Aufl. Heidelberg 1995.

*Heun, Werner:* Staatshaushalt und Staatsleitung. Das Haushaltsrecht im parlamentarischen Regierungssystem des Grundgesetzes, Baden-Baden 1989.

*Hey, Johanna:* Finanzautonomie und Finanzverpflichtung in gestuften Rechtsordnungen, in: VVDStRL 66 (2007), S. 277–334.

*Hillgruber, Christian:* Ohne rechtes Maß? Eine Kritik der Rechtsprechung des Bundesverfassungsgerichts nach 60 Jahren, JZ 66 (2011), S. 861–871.

–: Grundrechtsschranken, in: Josef Isensee/Paul Kirchhof (Hrsg.), Handbuch des Staatsrechts der Bundesrepublik Deutschland, Bd. IX: Allgemeine Grundrechtslehren, 3. Aufl. Heidelberg 2011, § 201.

*Hirschberg, Lothar:* Der Grundsatz der Verhältnismäßigkeit, Göttingen 1981.

*Hoffmann-Riem, Wolfgang:* Enge oder weite Gewährleistungsgehalte der Grundrechte?, in: Michael Bäuerle/Alexander Hanebeck et al. (Hrsg.), Haben wir wirklich Recht? – Zum Verhältnis von Recht und Wirklichkeit. Beiträge zum Kolloquium anlässlich des 60. Geburtstags von Brun-Otto Bryde, Baden-Baden 2003, S. 53–76.

–: Grundrechtsanwendung unter Rationalitätsanspruch. Eine Erwiderung auf Kahls Kritik an neueren Ansätzen in der Grundrechtsdogmatik, Der Staat 43 (2004), S. 203–233.

*Hofmann, Ekkehard:* Abwägung im Recht. Chancen und Grenzen numerischer Verfahren im Öffentlichen Recht, Tübingen 2007.

*Holmes, Stephen/Sunstein, Cass R.:* The Cost of Rights. Why Liberty Depends on Taxes, New York u. a. 1999.

*Hong, Mathias:* Die Versammlungsfreiheit in der Rechtsprechung des Bundesverfassungsgerichts, in: Hartmut Rensen/Stefan Brink (Hrsg.), Linien der Rechtsprechung des Bundesverfassungsgerichts, Bd. 1, Berlin u. a. 2009, S. 155–198.

*Honneth, Axel:* Reification. A New Look At An Old Idea, in: Martin Jay (Hrsg.), Reification. A New Look At An Old Idea, Oxford 2008, S. 17–96.

*Huster, Stefan:* Rechte und Ziele. Zur Dogmatik des allgemeinen Gleichheitssatzes, Berlin 1993.

–: Der Grundsatz der religiös-weltanschaulichen Neutralität des Staates. Gehalt und Grenzen. Vortrag gehalten vor der Juristischen Gesellschaft zu Berlin am 19. Mai 2004, Berlin 2004.

*Hwang, Shu-Perng:* Verfassungsgerichtliche Abwägung: Gefährdung der gesetzgeberischen Spielräume? Zugleich eine Kritik der Alexyschen formellen Prinzipien, AöR 133 (2008), S. 606–628.

*Isensee, Josef:* Budgetrecht des Parlaments zwischen Schein und Sein, JZ 2005, S. 971–981.

–: Grundrechtsvoraussetzungen und Verfassungserwartungen, in: ders./Paul Kirchhof (Hrsg.), Handbuch des Staatsrechts der Bundesrepublik Deutschland, Bd. IX: Allgemeine Grundrechtslehren, 3. Aufl. Heidelberg 2011, § 190.

–: Das Grundrecht als Abwehrrecht und als staatliche Schutzpflicht, in: ders./Paul Kirchhof (Hrsg.), Handbuch des Staatsrechts der Bundesrepublik Deutschland, Bd. IX: Allgemeine Grundrechtslehren, 3. Aufl. Heidelberg 2011, § 191.

*Jahn, Matthias:* Das verfassungsrechtliche Gebot bestmöglicher Sachaufklärung im Strafverfahren, Goltdammer's Archiv für Strafrecht 161 (2014), S. 588–601.

*Jarass, Hans:* Bausteine einer umfassenden Grundrechtsdogmatik, AöR 120 (1995), S. 345–381.

*Jellinek, Georg:* System der subjektiven öffentlichen Rechte, 2. Aufl. Tübingen 1905.

*Jestaedt, Matthias:* Grundrechtsentfaltung im Gesetz. Studien zur Interdependenz von Grundrechtsdogmatik und Rechtsgewinnungstheorie, Tübingen 1999.

–: Maßstäbe des Verwaltungshandelns, in: Hans-Uwe Erichsen/Dirk Ehlers (Hrsg.), Allgemeines Verwaltungsrecht, 14. Aufl. Berlin u. a. 2010, § 11.

*Kahl, Wolfgang:* Vom weiten Schutzbereich zum engen Gewährleistungsgehalt. Kritik einer neuen Richtung der deutschen Grundrechtsdogmatik, Der Staat 43 (2004), S. 167–202.

–: Neuere Entwicklungslinien der Grundrechtsdogmatik, AöR 131 (2006), S. 579–620.

*Kahn, Paul W.:* The Cultural Study of Law. Reconstructing Legal Scholarship, Chicago 1999.

*Kaufhold, Ann-Katrin:* Transfer und Transformation ökonomischen Wissens im Recht der Bankenaufsicht, in: Ino Augsberg (Hrsg.), Extrajuridisches Wissen im Verwaltungsrecht. Analysen und Perspektiven, Tübingen 2013, S. 151–176.

*Kennedy, Duncan:* Cost-Benefit Analysis of Entitlement Problems: A Critique, Stanford L. Rev. 33 (1981), S. 387–445.

–: Law and Economics from the Perspective of Critical Legal Studies, in: Peter Newman (Hrsg.), The New Palgrave Dictionary of Economics and the Law, Bd. 2, London u. a. 1998, S. 465–474.

*Kingreen, Thorsten:* Knappheit und Verteilungsgerechtigkeit im Gesundheitswesen, in: VVDStRL 70 (2011), S. 154–194.

*Kirchhof, Paul:* Die Steuerung des Verwaltungshandelns durch Haushaltsrecht und Haushaltskontrolle, NVwZ 1983, S. 505–515.

–: Mittel staatlichen Handelns, in: Josef Isensee/Paul Kirchhof (Hrsg.), Handbuch des Staatsrechts der Bundesrepublik Deutschland, Bd. V: Rechtsquellen, Organisation, Finanzen, 3. Aufl. Heidelberg 2007, § 99.

–: Nichtsteuerliche Abgaben, in: Josef Isensee/Paul Kirchhof (Hrsg.), Handbuch des Staatsrechts der Bundesrepublik Deutschland, Bd. V: Rechtsquellen, Organisation, Finanzen, 3. Aufl. Heidelberg 2007, § 119.

*Kischel, Uwe:* Die Begründung. Zur Erläuterung staatlicher Entscheidungen gegenüber dem Bürger, Tübingen 2003.

*Klare, Jörn:* Was bin ich wert? Eine Preisermittlung, Berlin 2010.

*Klatt, Matthias:* Die Zulässigkeit des finanzwirksamen Plebiszits, Der Staat 50 (2011), S. 3–44.

*Klatt, Matthias/Meister, Moritz:* Verhältnismäßigkeit als universelles Verfassungsprinzip, Der Staat 51 (2012), S. 159–188.

*Klatt, Matthias/Schmidt, Johannes:* Spielräume im Öffentlichen Recht. Zur Abwägungslehre der Prinzipientheorie, Tübingen 2010.

–: Abwägung unter Unsicherheit, AöR 137 (2012), S. 545–591.

*Knill, Christoph/Becker, Florian:* Divergenz trotz Diffusion? Rechtsvergleichende Aspekte des Verhältnismäßigkeitsprinzips in Deutschland, Großbritannien und der Europäischen Union, Die Verwaltung 36 (2003), S. 447–481.

*Koch, Oliver:* Der Grundsatz der Verhältnismäßigkeit in der Rechtsprechung des Gerichtshofs der Europäischen Gemeinschaften, Berlin 2003.

*Korioth, Stefan:* Finanzen, in: Wolfgang Hoffmann-Riem/Eberhard Schmidt-Aßmann/Andreas Voßkuhle (Hrsg.), Grundlagen des Verwaltungsrechts, Bd. III, 2. Aufl. München 2013, § 44.

*Krebs, Walter:* Rechtliche und reale Freiheit, in: Detlef Merten/Hans-Jürgen Papier (Hrsg.), Handbuch der Grundrechte in Deutschland und Europa, Bd. II, München 2006, § 31.

*Kube, Hanno:* Haushaltsrecht, in: Dirk Ehlers/Michael Fehling/Hermann Pünder (Hrsg.), Besonderes Verwaltungsrecht, Bd. 3, Heidelberg u. a. 2013, § 66.

*Kumm, Mattias:* Democracy is not enough: Rights, proportionality and the point of judicial review, New York University Public Law and Legal Theory Working Papers, Paper 118 (2009), abrufbar unter: http://ssrn.com/abstract=1356793.

–: The Idea of Socratic Contestation and the Right to Justification: The Point of Rights-Based Proportionality Review, Law & Ethics of Human Rights 4 (2010), S. 141–175.

*Kysar, Douglas A.:* Regulating from Nowhere. Environmental Law and the Search for Objectivity, New Haven 2010.

*Lege, Joachim:* Knappheit und Verteilungsgerechtigkeit im Gesundheitswesen, in: VVDStRL 70 (2011), S. 114–153.

*Leisner, Anna:* Die Leistungsfähigkeit des Staates, Berlin 1998.

*Lepsius, Oliver:* Die Ökonomik als neue Referenzwissenschaft für die Staatsrechtslehre?, Die Verwaltung 32 (1999), S. 429–444.

–: § 19 Ziele der Regulierung, in: Michael Fehling/Matthias Ruffert (Hrsg.), Regulierungsrecht, Tübingen 2010, S. 1055–1086.

–: Die maßstabsetzende Gewalt, in: Matthias Jestaedt/Oliver Lepsius et al., Das entgrenzte Gericht, Berlin 2011, S. 159–279.

*Lerche, Peter:* Übermaß und Verfassungsrecht, Köln 1961.

*von Lewinski, Kai:* Staatsverschuldung, in: Josef Isensee/Paul Kirchhof (Hrsg.), Handbuch des Staatsrechts der Bundesrepublik Deutschland, Bd. X: Deutschland in der Staatengemeinschaft, 3. Aufl. Heidelberg 2012, § 217.

*Lieth, Oliver:* Die ökonomische Analyse des Rechts im Spiegelbild klassischer Argumentationsrestriktionen des Rechts und seiner Methodenlehre, Baden-Baden 2007.

*Lüdemann, Jörn:* Ökonomisches Wirtschaftsrecht und ökonomisches Wissen, in: Ino Augsberg (Hrsg.), Extrajuridisches Wissen im Verwaltungsrecht. Analysen und Perspektiven, Tübingen 2013, S. 121–150.

*Ludwigs, Markus:* Unternehmenseffizienz als neue Rechtskategorie im Öffentlichen Recht, Die Verwaltung 46 (2013), S. 155–182.

*Luthe, Ernst-Wilhelm:* Optimierende Sozialgestaltung. Bedarf – Wirtschaftlichkeit – Abwägung, Tübingen 2001.

von Mangoldt, Hermann/Klein, Friedrich/Starck, Christian (Hrsg.), Kommentar zum Grundgesetz, Bd. III: Art. 83–146, 6. Aufl. München 2010.

*Martens, Wolfgang:* Grundrechte im Leistungsstaat, in: VVDStRL 30 (1972), S. 7–42.

*Martini, Mario:* Der Markt als Instrument hoheitlicher Verteilungslenkung, Tübingen 2008.

–: Normsetzungsdelegation zwischen parlamentarischer Steuerung und legislativer Effizienz, AöR 133 (2008), S. 155–190.

–: Kosten-Nutzen-Bewertung von Arzneimitteln – eine bittere Pille oder süßes Gift für das Gesundheitswesen?, GewArch Beilage WiVerw Nr. 04/2009, S. 195–226.

*Mathis, Klaus:* Effizienz statt Gerechtigkeit? Auf der Suche nach den philosophischen Grundlagen der Ökonomischen Analyse des Rechts, 3. Aufl. Berlin 2009.

*Mehde, Veith:* Grundrechte unter dem Vorbehalt des Möglichen, Sinzheim 2000.

*Merten, Detlef:* Verhältnismäßigkeit, in: ders./Hans-Jürgen Papier (Hrsg.), Handbuch der Grundrechte in Deutschland und Europa, Bd. III, München 2009, § 68.

*Meyer, Hans:* Diskussionsbemerkung, in: VVDStRL 34 (1976), S. 132–133.

*Michael, Lothar/Morlok, Martin:* Grundrechte, 4. Aufl. Baden-Baden 2014.

*Michelman, Frank I.:* The Constitution, Social Rights, and Liberal Political Justification, International Journal of Constitutional Law 1 (2003), S. 13–34.

*Möller, Kai:* Proportionality. Challenging the critics, International Journal of Constitutional Law 10 (2012), S. 709–731.

–: The Global Model of Constitutional Rights, Oxford 2012.

*Möllers, Christoph:* Wandel der Grundrechtsjudikatur. Eine Analyse der Rechtsprechung des Ersten Senats des BVerfG, NJW 2005, S. 1973–1979.

*Moritz, Susanne:* Staatliche Schutzpflichten gegenüber pflegebedürftigen Menschen, Baden-Baden 2013.

*Müller, Friedrich/Pieroth, Bodo/Fohmann, Lothar:* Leistungsrechte im Normbereich einer Freiheitsgarantie. Untersucht an der staatlichen Förderung freier Schulen, Berlin 1982.

*Münkler, Laura:* Kosten-Nutzen-Bewertungen in der gesetzlichen Krankenversicherung, Berlin 2015.

*Murswiek, Dietrich:* Die staatliche Verantwortung für die Risiken der Technik, Berlin 1985.

–: Grundrechtsdogmatik am Wendepunkt?, Der Staat 45 (2006), S. 473–500.

–: Grundrechte als Teilhaberechte, soziale Grundrechte, in: Josef Isensee/Paul Kirchhof (Hrsg.), Handbuch des Staatsrechts der Bundesrepublik Deutschland, Bd. IX: Allgemeine Grundrechtslehren, 3. Aufl. Heidelberg 2011, § 192.

*Nettesheim, Martin:* Die „haushaltspolitische Gesamtverantwortung" in der Rechtsprechung des BVerfG, in: Andreas Haratsch (Hrsg.), Verfassung und Krise, i. E., abrufbar unter http://www.jura.uni-tuebingen.de/professoren_und_dozenten/nettesheim/NettesheimHaushaltspolitischeGesamtverantwortungendg.pdf.

*Nussbaum, Martha C.:* Flawed Foundations. The Philosophical Critique of (a Particular Type of) Economics, University of Chicago Law Review 64 (1997), S. 1197–1214.

*Ortmann, Andreas:* Die Finanzwirksamkeit verfassungsgerichtlicher Entscheidungen im Spiegel der Rechtsprechung des Bundesverfassungsgerichts, Baden-Baden 2007.

*Ossenbühl, Fritz/Cornils, Matthias:* Staatshaftungsrecht, 6. Aufl. München 2013.

*Papier, Hans-Jürgen:* Der Wandel der Lehre von Ermessens- und Beurteilungsspielräumen als Reaktion auf die staatliche Finanzkrise, in: Wolfgang Hoffmann-Riem/Eberhard Schmidt-Aßmann (Hrsg.), Effizienz als Herausforderung an das Verwaltungsrecht, Baden-Baden 1998, S. 231–243.

*Petersen, Niels:* Braucht die Rechtswissenschaft eine empirische Wende?, Der Staat 49 (2010), S. 435–455.

–: How to Compare the Length of Lines to the Weight of Stones: Balancing and the Resolution of Value Conflicts in Constitutional Law, German Law Journal 14 (2013), S. 1387–1408.

*Pflughaupt, Matthias:* Prozessökonomie. Verfassungsrechtliche Anatomie und Belastbarkeit eines gern bemühten Arguments, Tübingen 2011.

*Pieroth, Bodo:* Rechtsverweigerung zur Erhaltung der Funktionsfähigkeit staatlicher Einrichtungen. Kritik einer Argumentationsfigur in der Rechtsprechung, VerwArch 68 (1977), S. 217–245.

*Pitschas, Rainer:* Maßstäbe des Verwaltungshandelns, in: Wolfgang Hoffmann-Riem/Eberhard Schmidt-Aßmann/Andreas Voßkuhle (Hrsg.), Grundlagen des Verwaltungsrechts, Bd. II, 2. Aufl. München 2012, § 42.

*Porter, Theodore M.:* Trust in Numbers. The Pursuit of Objectivity in Science and Public Life, Princeton 1995.

*Poscher, Ralf:* Grundrechte als Abwehrrechte. Reflexive Regelung rechtlich geordneter Freiheit, Tübingen 2003.

–: Rechtsdogmatik als hermeneutische Disziplin. Zum interpretativen Charakter der Rechtsfortbildung, in: Jakob Nolte/Ralf Poscher/Henner Wolter (Hrsg.), Die Verfassung als Aufgabe von Wissenschaft, Praxis und Öffentlichkeit. Freundesgabe für Bernhard Schlink zum 70. Geburtstag, Heidelberg 2014, S. 203–219.

*Reimer, Philipp:* „... und machet zu Jüngern alle Völker"? Von „universellen Verfassungsprinzipien" und der Weltmission der Prinzipientheorie der Grundrechte, Der Staat 52 (2013), S. 27–57.

*Riegner, Michael/Wischmeyer, Thomas:* „Rechtliche Zusammenarbeit" mit Transformations- und Entwicklungsländern als Gegenstand öffentlich-rechtlicher Forschung, Der Staat 50 (2011), S. 436–467.

*Rose-Ackerman, Susan:* Putting Cost-Benefit Analysis in Its Place: Rethinking Regulatory Review, University of Miami L. Rev. 65 (2011), S. 335–356.

*Rüfner, Wolfgang:* Leistungsrechte, in: Detlef Merten/Hans-Jürgen Papier (Hrsg.), Handbuch der Grundrechte in Deutschland und Europa, Bd. II, München 2006, § 40.

*Rusteberg, Benjamin:* Der grundrechtliche Gewährleistungsgehalt. Eine veränderte Perspektive auf die Grundrechtsdogmatik durch eine präzise Schutzbereichsbestimmung, Tübingen 2009.

*Sachs, Michael:* § 67: Leistungsrechte, in: Klaus Stern, Das Staatsrecht der Bundesrepublik Deutschland, Bd. III/1, München 1988, S. 687–750.

–: Abwehrrechte, in: Detlef Merten/Hans-Jürgen Papier (Hrsg.), Handbuch der Grundrechte in Deutschland und Europa, Bd. II, München 2006, § 39.

Sachs, Michael (Hrsg.): Grundgesetz, 7. Aufl. München 2014.

*Sandel, Michael J.:* What Money Can't Buy. The Moral Limits of Markets, New York 2012.

*Saurer, Johannes:* Die Globalisierung des Verhältnismäßigkeitsgrundsatzes, Der Staat 51 (2012), S. 3–33.

*Scharpf, Fritz W.:* Komplexität als Schranke der politischen Planung, PVS, Sonderheft 4 (1972), S. 168–192.

*Schenke, Ralf Peter:* Die Rechtsfindung im Steuerrecht. Konstitutionalisierung, Europäisierung, Methodengesetzgebung, Tübingen 2007.

*Scherzberg, Arno:* Rationalität – staatswissenschaftlich betrachtet. Prolegomena zu einer Theorie juristischer Rationalität, in: Walter Krebs (Hrsg.), Liber Amicorum Hans-Uwe Erichsen, Köln u. a. 2004, S. 177–206.

*Schlink, Bernhard:* Abwägung im Verfassungsrecht, Berlin 1976.

–: Der Grundsatz der Verhältnismäßigkeit, in: Peter Badura/Horst Dreier (Hrsg.), FS 50 Jahre Bundesverfassungsgericht, Bd. 2, Tübingen 2001, S. 445–465.

–: Proportionality (1), in: Michel Rosenfeld/András Sajó (Hrsg.), The Oxford Handbook of Comparative Constitutional Law, Oxford 2012, S. 718–737.

*Schmidt-Aßmann, Eberhard:* Effizienz als Herausforderung an das Verwaltungsrecht. Perspektiven der verwaltungsrechtlichen Systembildung, in: Wolfgang Hoffmann-Riem/Eberhard Schmidt-Aßmann (Hrsg.), Effizienz als Herausforderung an das Verwaltungsrecht, Baden-Baden 1998, S. 245–269.

–: Das allgemeine Verwaltungsrecht als Ordnungsidee. Grundlagen und Aufgaben der verwaltungsrechtlichen Systembildung, 2. Aufl. Berlin u. a. 2006.

*Schneider, Jens-Peter:* Zur Ökonomisierung von Verwaltungsrecht und Verwaltungsrechtswissenschaften, Die Verwaltung 34 (2001), S. 317–345.

*Schober, Katharina:* Der Zweck im Verwaltungsrecht, Tübingen 2007.

*Schoch, Friedrich:* Außerrechtliche Standards des Verwaltungshandelns als gerichtliche Kontrollmaßstäbe, in: Hans-Heinrich Trute/Thomas Groß et al. (Hrsg.), Allgemeines Verwaltungsrecht. Zur Tragfähigkeit eines Konzepts, 2008, S. 543–573.

*Schuppert, Gunnar Folke/Bumke, Christian:* Die Konstitutionalisierung der Rechtsordnung. Überlegungen zum Verhältnis von verfassungsrechtlicher Ausstrahlungswirkung und Eigenständigkeit des „einfachen" Rechts, Baden-Baden 2000.

*Seitz, Claudia:* Economic Principles in Antitrust Law in the Aftermath of the More Economic Approach, in: Klaus Mathis (Hrsg.), Law and Economics in Europe, Dordrecht u. a. 2014, S. 367–387.

*Starck, Christian:* Die Bindung des Richters an Gesetz und Verfassung, in: VVDStRL 34 (1976), S. 43–93.
–: Staatliche Organisation und staatliche Finanzierung als Hilfen zu Grundrechtsverwirklichungen? (1976), in: Freiheit und Institutionen, Tübingen 2002, S. 158–204.
*Steiner, Udo:* Der Richter als Ersatzgesetzgeber, NJW 2001, S. 2919–2924.
*Stern, Klaus:* Das Staatsrecht der Bundesrepublik Deutschland, Bd. III: Allgemeine Lehren der Grundrechte, Halbband 1: Grundlagen und Geschichte, nationaler und internationaler Grundrechtskonstitutionalismus, juristische Bedeutung der Grundrechte, Grundrechtsberechtigte, Grundrechtsverpflichtete, München 1988.
–: Idee und Elemente eines Systems der Grundrechte, in: Josef Isensee/Paul Kirchhof (Hrsg.), Handbuch des Staatsrechts der Bundesrepublik Deutschland, Bd. IX: Allgemeine Grundrechtslehren, 3. Aufl. Heidelberg 2011, § 185.
*Sunstein, Cass R.:* Valuing Life. Humanizing the Regulatory State, Chicago 2014.
–: The Limits of Quantification, California Law Review 102 (2014), S. 1369–1422.
*Szech, Nora/Falk, Armin:* Morals and Markets, Science 340 (2013), S. 707–711.
*Thurn, John Philipp:* Welcher Sozialstaat?, Tübingen 2013.
*Tushnet, Mark:* Social Welfare Rights and the Forms of Judicial Review, Texas Law Review 82 (2003–2004), S. 1895–1920.
Umweltbundesamt (Hrsg.): Ökonomische Bewertung von Umweltschäden. Methodenkonvention 2.0 zur Schätzung von Umweltkosten, 2013.
Vesting, Thomas/Korioth, Stefan/Augsberg, Ino (Hrsg.): Grundrechte als Phänomene kollektiver Ordnung. Zur Wiedergewinnung des Gesellschaftlichen in der Grundrechtstheorie und Grundrechtsdogmatik, Tübingen 2014.
*Vogel, Klaus:* Grundzüge des Finanzrechts des Grundgesetzes, in: Josef Isensee/Paul Kirchhof (Hrsg.), Handbuch des Staatsrechts der Bundesrepublik Deutschland, Bd. IV: Finanzverfassung, bundesstaatliche Ordnung, 2. Aufl. 1999, § 87.
*Volkmann, Uwe:* Veränderungen der Grundrechtsdogmatik, JZ 2005, S. 261–271.
*Volokh, Alexander:* Choosing Interpretive Methods. A Positive Theory of Judges and Everyone Else, N.Y.U. L. Rev. 83 (2008), S. 769–846.
*Vosgerau, Ulrich:* Zur Kollision von Grundrechtsfunktionen. Ein zentrales Problem der Grundrechtsdogmatik, AöR 133 (2008), S. 346–388.
*Voßkuhle, Andreas:* Rechtsschutz gegen den Richter. Zur Integration der Dritten Gewalt in das verfassungsrechtliche Kontrollsystem vor dem Hintergrund des Art. 19 Abs. 4 GG, München 1993.
–: Das Kompensationsprinzip. Grundlagen einer prospektiven Ausgleichsordnung für die Folgen privater Freiheitsbetätigung, Tübingen 1999.
–: Theorie und Praxis der verfassungskonformen Auslegung von Gesetzen durch Fachgerichte. Kritische Bestandsaufnahme und Versuch einer Neubestimmung, AöR 125 (2000), S. 177–201.
–: „Ökonomisierung" des Verwaltungsverfahrens, Die Verwaltung 34 (2001), S. 347–369.
–: Methode und Pragmatik im Öffentlichen Recht, in: Hartmut Bauer/Detlef Czybulka et al. (Hrsg.), Umwelt, Wirtschaft und Recht. Wissenschaftliches Symposium aus Anlaß des 65. Geburtstages von Reiner Schmidt, Tübingen 2002, S. 171–196.

–: Sachverständige Beratung des Staates, in: Josef Isensee/Paul Kirchhof (Hrsg.), Handbuch des Staatsrechts der Bundesrepublik Deutschland, Bd. III: Demokratie, Bundesorgane, 3. Aufl. Heidelberg 2005, § 43.

–: Das Konzept des rationalen Staates, in: Gunnar Folke Schuppert/Andreas Voßkuhle (Hrsg.), Governance von und durch Wissen, Baden-Baden 2008, S. 13–32.

–: Präventive Richtervorbehalte, in: Detlef Merten/Hans-Jürgen Papier (Hrsg.), Handbuch der Grundrechte in Deutschland und Europa, Bd. V, München 2013, § 131.

*Voßkuhle, Andreas/Wischmeyer, Thomas:* Der Jurist im Kontext. Peter Häberle zum 80. Geburtstag, JöR 63 (2015), S. 401–428.

*Wahl, Rainer:* Die bürokratischen Kosten des Rechts- und Sozialstaats, Die Verwaltung 13 (1980), S. 273–296.

*Waldhoff, Christian:* Grundzüge des Finanzrechts des Grundgesetzes, in: Josef Isensee/Paul Kirchhof (Hrsg.), Handbuch des Staatsrechts der Bundesrepublik Deutschland, Bd. V: Rechtsquellen, Organisation, Finanzen, 3. Aufl. Heidelberg 2007, § 116.

*Wielsch, Dan:* Die epistemische Analyse des Rechts, JZ 64 (2009), S. 67–77.

*Wischmeyer, Thomas:* Zwecke im Recht des Verfassungsstaates. Geschichte und Theorie einer Denkfigur, Tübingen 2015.

*Wittreck, Fabian:* Dritte Gewalt im Wandel, VVDStRL 74 (2015), S. 115–168.

*Žižek, Slavoj:* On Belief, London 2001.

# Stichwortverzeichnis